大展好書 好書大展

前言

為什麼人們會對命運、占卜感興趣呢？那是因為任何人都希望「能更幸福」。因為有「想得到幸福、想掌握幸福」的願望，所以努力工作、重視人際關係、注意健康。而能幫助你完成這個「想得到幸福」想法的，就是現代命運書籍「占卜」。

據說世界上共有二百多種占卜法，而我之所以對「手相」特別感興趣，就是因手相會產生變化。

在出生的瞬間所接受的「氣」或「星座的配置」等，決定個人大部分的運勢，這是星座及十二支等的想法；但手相則會因環境或心理的變化而改變。

手相與臉相同，具有自己獨特的相，會因努力或性格的改變，使惡線消失、良線出現。所謂「過了四十以後要對自己的臉負責任」，而手相也是相同的道理。人在幸福時，臉會閃耀生輝；若朝著好運不斷努力時，手相的光澤便很好，覺得主要線具有非常強的運勢。相反的，若疾病或煩惱較多時，就會蒼白、沒有元氣，成為讓人很不舒服的手相。

有很多人說自己看書，無法掌握自己的手相。事實上，觀摩手相而無法判斷者，的確非常多。

本書是今後想學習手相者的入門書，已將理論部分縮小到最低限度，按照各自的丘和線來分類介紹。

第一章和第二章是學習手相必要的基本知識，第三章則是與圖相對照，找出個人的性格與適當的職業。第四章則是與線同樣重要的丘的看法。第五章是應用篇，藉著各種線的組合，實際進行運勢的占卜。

看手相時最重要的，就是不論想占卜什麼，光看一條線沒有任何意義，而要觀察各個部分，以進行綜合判斷。

我十幾歲時便對手相很感興趣，反覆閱讀淺野八郎先生的「手相術」一持續學習手相。四十多歲時，得到淺野先生直接指導我的機會，令我不禁深深地感覺到「手相真的很準」。

你也要看看自己的手相，研究該如何做才會變為好的手相以掌握好運。希望本書對你光明的未來有所幫助。

最後，對於本書出版時親切指導的淺野八郎先生，衷心表示感謝之意。

小林八重子

推薦的話

到目前為止，市面上可以看到各種不同的「手相」專門書。不過，在占卜之中，像本書「手相」這麼簡明易懂並不存在。

本書文章簡潔明確，圖解詳細。不僅是初學者，連專家都將「最新簡易手相」視為是福音書。

作者運用自己英文的知識，調查歐美的手相專門書，介紹很多新的判斷法。其努力的成果，在本書中隨處可見。藉由本書的出版，能夠使年輕人對手相更為關心。

日本占術協會會長　淺野八郎

目錄

第五章　迎向積極的人生

手相的基本知識

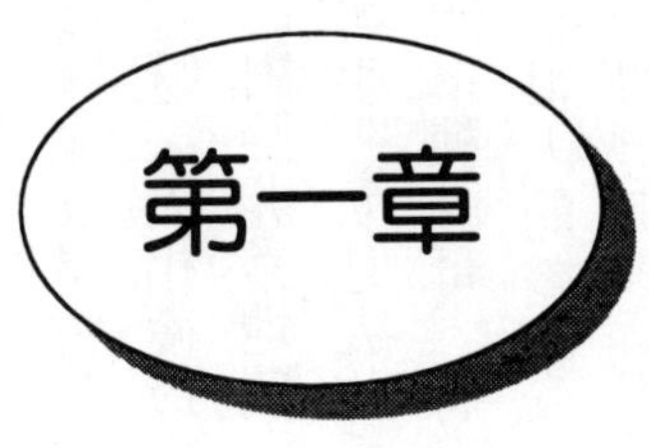

何謂手相

手相是觀相學的一種

與人初次見面時，我們都會以臉來判斷對方。第一印象的最大關鍵便是臉。藉著「是個好人」和「是個壞人」的印象，再開始與他人交往。

古人所關心的便是對方的臉。自古以來，中國與歐洲都對人相占卜保持一定的關心度。尤其是古代的帝王或皇帝。為了得知部下的心理和運勢，而學會人相占卜的智慧。人相術最早便在古印度與中國發達的理由，就在於此。

人因對臉非常地關心，因此也開始對臉以外的部分感興趣。那些部分便是整個身體與手。而且人的手真的很不可思議，若將自己的手與朋友的手互相比較，便會訝於這種神奇。將五根手指、手掌的紋、指甲與指紋等，與動物的手相比，會發現有很大的差距。哲學家康德即說過人類與其它動物最大的差距，就在於「手」。利用手製造工具並使用工具，令頭腦更發達。

手相學的歷史

手相可說是為了了解自己與對方的帝王學，是具悠久歷史的占卜法。

但是，手相占卜究竟始於何時，關於這方面的歷史，不明白之處尚有許多。

一般來說始於古印度，隨著佛教傳入中國，而一部分則藉由吉普賽人傳至古歐洲，經由韓國再傳到日本。特別著名的就是九〇〇年代的麻衣相法，及明朝的柳莊相法。但是古代中國、韓國的手相術，很少只專注於手相，而會配合人相來判斷，稱為「觀相術」。

專門占卜手相屬於中世紀歐洲的時期，當時出現許多手相的研究者，如科克

A plate from Belot's Work on palmistry

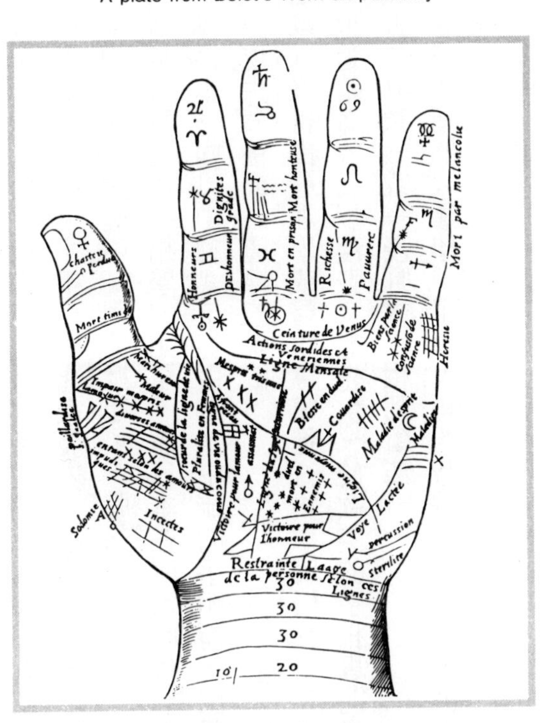

法國國立圖書館所收藏的
17 世紀強貝洛的手相圖

雷、因達基雷、貝洛等。繪畫是貝洛的手相圖。而手相真正普及於歐洲是在十九世紀，一位名為基洛的天才手相研究家發表「手的語言」之後的事。占卜當時著名人士的手相，並屢試屢中，因此掀起了一股熱潮。

我們稱基洛為近代手相學的元祖。而日本在明治時代，很早便學會基洛的手相術，使得日本一向以中國式手相占卜為主流的手相術，出現新的形態。也從此時開始，出現生命線或命運線的說法。

最近歐洲盛行由心理學或醫學專家進行科學的研究。在世界上非常活躍的日本學者，也是筆者的恩師淺野八郎先生，於歐美的手相專門書及百科事典中，介紹了「淺野式分類」或「淺野式手相判斷法」。

手相學成了新的人類學，了解人類的智慧，相信今後世界上依然有許多人會加以持續研究。

■手相占卜些什麼？

手相學與占星術或氣學、四柱推命等占卜有何不同呢？手相適合用來了解個人的性格和適應性、身體的體調及戀愛運等。而且手相的好處，便是可藉著努力以改變運。即使利用其它的占卜方式發現凶運，只要努力就能加以改變。手相反應個人，定期觀察手相，就能創造更幸福的美好人生。

據說占卜「始於手相、終於手相」。首先對自己感興趣而看自己的手相，對占卜就能更為關心，最後便會對於占星術或是其他占卜術都感到興趣。但是學了各種占卜之後，了解到「努力才是使運變好的最大關鍵」，因此，又會開始注意自己的手相。

故占卜可說是「始於手相，終於手相」。

手相的基本看法

看手相英文稱為「PALM READING」。就是因手相的特徵好像「書」一樣，來加以調查。

■兩種看法

看手相的方法大致分為兩種。一種是以手的紋路或線為主來看，稱為「手相術」。另外一種，則是注意手形、指甲等掌紋和線以外的部分，稱為「手學、手形學」。

■看掌紋或線的手相術

一般所謂手相占卜，大都是只看手上的線或掌紋。仔細看掌紋或線非常重要，這時會注意的主要是三大基本線或主要線。

■手形或手指

個人的性格和天生的氣質，會表現在手形或肉的附著方式上。不光是手的內側，也要注意外側與指紋。

■要看左手或是右手呢？

手相最重要的部分就在於此，但目前為止尚未定論。如在日本是男性看左手，女性看右手。而歐洲式則是全看左手，不過最近變為左、右兩手都要看。利用左、右的手相看出變化快速的一側，是表示未來的運，而變化較慢的一側，則是天生的運。最近歐美有許多人採用「淺野式」的手相觀察法，也就是將左、右手自然交疊，觀察拇指在下的那一隻手，這隻手表示「現在未來」的性格和運，而另一隻手的手相，則表示「潛在的性格與運」。

本書採用「淺野式」的看法，但為了各位在看書時方便對照，因此是以左手為主進行占卜。

■記錄手形更能掌握運

利用影印機或印泥取得手形，並加以記錄，看看究竟有何不同，便得以了解運勢或身體的變化。

正確的記錄是在將塗上油漆的滾筒，在手掌上滾動，再印下手形。

利用手形判斷性格

每個人的手形各有不同，不僅是表示個人的體形或體格，也與性格有密切關係。手形大致分類為七種型態。調查看看自己的手屬於那一型。

①大而肉附著良好的手

（手掌較大，肉較厚，整體感壯碩的手，手指較粗，丘非常發達。）

樂天派、不拘泥小節、忍耐力極強者。為努力型，在工作方面，即使是別人不喜歡的工作，也會很有耐心地去做。是默默努力、很有耐心的一型，因此雖不顯眼，卻能得到很好的評價。是健康狀況良好、具有體力者，如拳擊手或摔角手等運動選手、從事農業者、電氣製品的修理技術者、玻璃製造者、使用手的勞動者或技術者較多見。

認真執著的性格、缺乏融通性、容易驟下斷語。在人際關係方面，缺乏仔細的心，是欠缺纖細感的人，故有些人會敬而遠之。大都表現本能的一面。

在戀愛方面，只為深愛一個人，但因不懂得表示愛情，故容易陷入單相思的狀態。這種手型亦可稱為「原始型」。

②大但肉附著較少的手

（雖然大但肉較薄，感覺平坦。整體呈四方形、丘與①相比，並不發達。）

是具常識性想法的人，負責任、非常認真。對工作充滿慾望，是努力家。與①型相同，別人不喜歡的工作也會努力去做，因此，在工作場所能獲得極高的信賴度。正直、守規矩，喜歡在銀行或保險公司等工作場所工作；此外，也有許多是製作工具、工匠或從事電氣工程者。

在性格方面，不懂得表現自我，不了解對方的心情而容易遭受誤解。嚴格地遵守規則，對於金錢斤斤計較，但卻是愛家庭者。女性懂得持家，家事也做得很好。但在戀愛方面缺乏積極性，易使愛情逃脫。這一型亦稱為「四角型」。

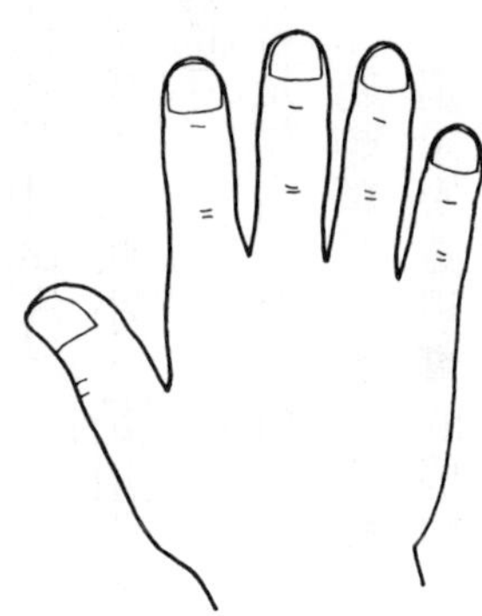

①大而肉附著良好的手

樂天派，為努力型。但欠缺對他人的體貼。

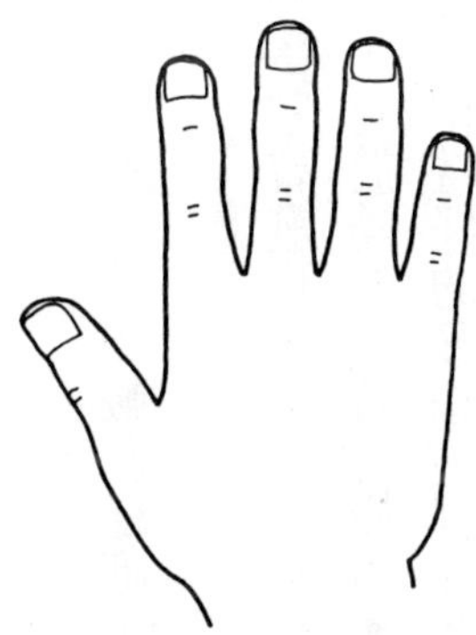

②大但肉附著較少的手

誠實、認真、嚴守規律。

③指尖尖而小的手

（整體而言較小，是指尖細而美的手，關節不明顯，感覺較為纖細，為女性較多見的手。）

這就是如白玉般，稱為「手美人」的手，看手掌會發現不論男女都有細紋，因此得知為神經質、神經纖細的人。感受性敏銳，對於美的執著心極強。非常浪漫，擁有追求脫離現實的夢想或理想的傾向。具有相當好的靈感，有許多是能發揮藝術家才能的人。演員或設計師、占卜師是適合的工作。缺乏體力，身體不是很好，不適合肉體勞動的工作。但若從事使用頭腦的工作，又缺乏耐性，故為會因健康或工作而感到煩惱的一型。

另一方面，依賴心極強，容易相信他人，因此也容易受騙。不懂得世俗之事，也是不懂得賺錢的人。

在戀愛方面，追求童話般的戀愛。這一型也稱「尖頭型」。

④修長的手

（比③的手更細而長的手）

具有與③的尖頭型類似的性格。非常地浪漫，具貴族的氣息，是很難忍受殘酷的生活或貧窮的人。

很容易陷入深沈的戀愛中，而迷失自我，經常失戀，戀愛結婚後又婚姻破裂的例子很多。纖細、容易受傷，太過固執時無法考慮其他，因此易產生悲劇，最好對事物有更廣泛的想法和看法，以及精神的訓練。是身體較弱，容易罹患疾病體質的人較多見的手形。

⑤細長而關節明顯的手

（手掌很長、手指也很長。肉較薄、關節明顯，手指併攏時指縫的空隙較大。指丘不突出。）

好奇心旺盛、享受智慧生活的人，頭腦運轉快速，對事物能冷靜思考，為理論家。不注重物質、肉體的喜悅，而追求知識的喜悅。此外，對宗教或神秘的事物也很感興趣。大都是學者或研究者的手型，具有耐性和執著力。從事電腦方面的技術者、作家、宗教家、外科醫師等較為合適。頑固、自我本位主義，對他人

③指尖尖而小的手

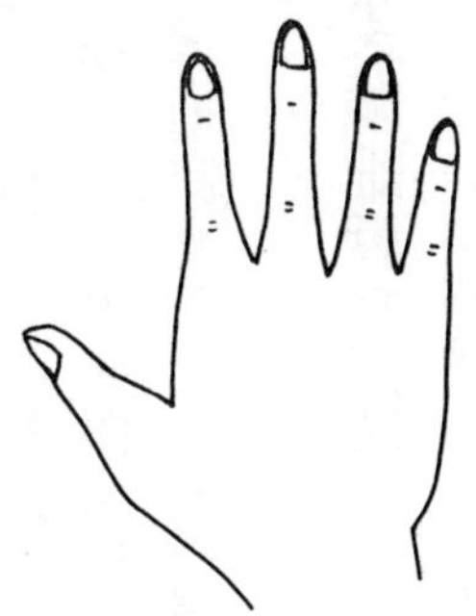

神經質、浪漫、有容易太過相信他人的傾向。

④修長的手

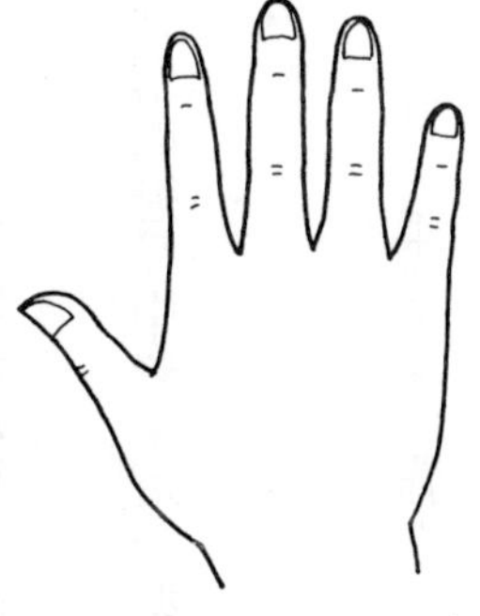

纖細、容易受傷、無法忍受貧窮。

的好惡非常偏激，一旦遇上自己喜歡的對象，隨時隨地都能表現自己的誠實。不懂得賺錢，不注重財而注重名。

是害怕寂寞的人，很浪漫，為容易陷入一見鍾情的戀愛中者。這一型亦稱「結節型」。

⑥指尖纖細圓潤的手

（整體看來圓潤而軟的手，手指修長、指尖較細，手掌富於彈性，丘突出、發達。）

具社交性，含有豐富的想像力，並具藝術的情操。穩定、有協調性，隨時都有許多朋友圍繞。與人相處良好，任何事都依賴本能或感覺而生存。不喜歡思考生存的目的或人生意義等嚴肅的問題，因為指尖較細，在工作方面，要他一整天待在辦公室從事辦公桌工作，是比較困難的事。因此，可擔任海外旅行的導遊或空服員、美容師、護士等活動身體的工作，較為適合。

個性開朗、外向，具有受人喜愛的魅力。戀愛的機會很多，每次的戀愛都能磨練自己。

這一型的人也稱為「圓垂型」。

⑦「混合型的手」

（不屬於至目前為止所說六種的其中之一，而具有兩種以上的混合特徵，指形各有不同者，是讓人看起來覺很快樂的手。）

具有複數性格的人，例如四角型的拇指，這種人表示責任感較強。此外，結節型的食指表示有旺盛的好奇心；圓垂型的中指表示外向、思慮較淺。尖頭型的無名指，則表示具豐富的感受性。

在戀愛方面，懂得掌握對方的心思，但卻容易風流的一型。

⑤細長而關節明顯的手

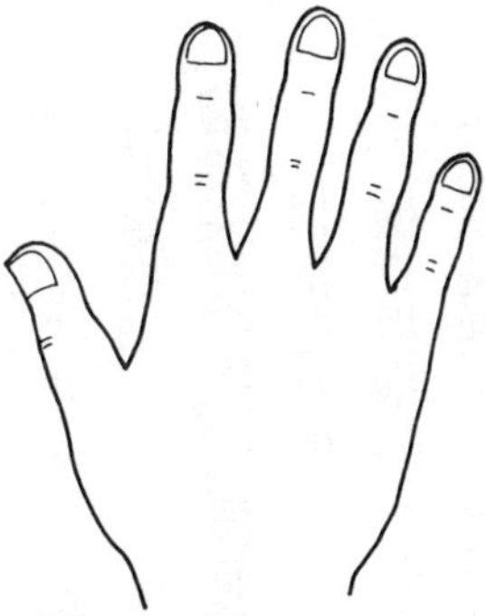

頭腦運轉快速，是冷靜的人。
喜歡追求知識。

⑥指尖纖細圓潤的手

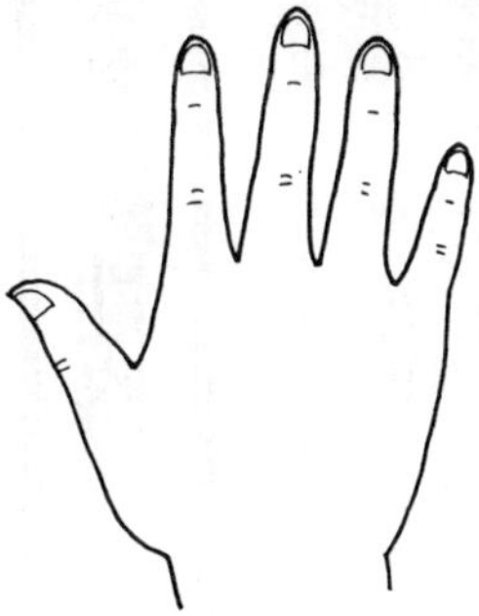

富予社交性、協調性。
不喜歡思考嚴肅的事物。

⑦混合型的手

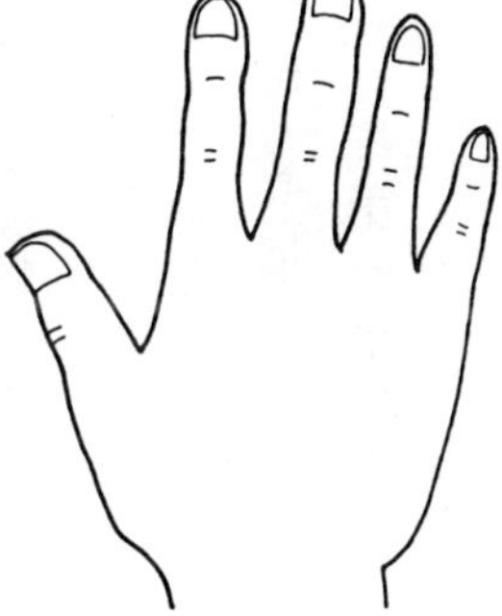

具複數性格的人，容易風流。

由手指長度來判斷性格

手指具有各種形狀和長短，因其差距的不同，便能判斷性格或才能。長的手指富予思考性、感受性，非常浪漫；短的手指則較實際，具活動性。手指當中，尤其是拇指、食指、小指在運勢判斷上最重要。

■檢查拇指的長度

拇指在五根食指當中是最重要的，表示個人的意志強度及愛情、實行力。

檢查拇指的長度，將拇指與食指併攏，若拇指指尖在食指第一指節中間，就是標準長度。（參照頁二十七）

1、拇指較長的人（↓圖A）

意志較強、自尊較高、支配慾極強的人。討厭聽他人的指揮，想取得領導地位。此外，站在領導者的立場時，就能發揮力量，大都是自己開拓運勢的一型。

2、拇指長度標準的人（↓圖B）

具有平均長度的人，冷靜、具正確判斷力。做任何事都適可而止，具有謹慎的性格，但也擁有自己的意見。

3、拇指較短的人（↓圖C）

拇指較短的人，依賴心極強，氣弱、無法清楚表達自己的意見。容易改變心意，缺乏忍耐力，對事物不執著。具有直覺與靈感，懂得掌握機會。

手指所表示的意義

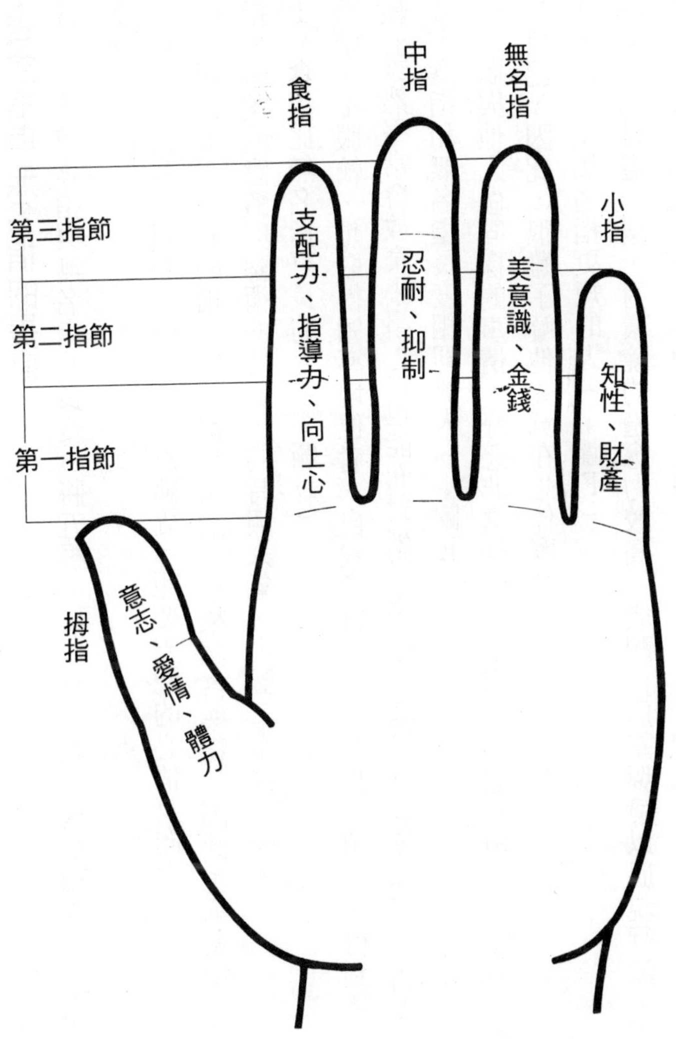

檢查食指與無名指的長度

其次，比較食指與無名指的長度。將五根手指伸直，看看食指和無名指那一指較長。

食指表示自我、自我主張、自我意識等，想要支配的心情及向上心。

無名指是最少活動的指，以前都是用這一指來調合藥物，因此也稱藥指。這根手指表示美的意識與藝術的感覺，同時與人氣、名聲、金錢有關。

1、食指比無名指更長的人（↓圖D）

驕傲、不服輸、想取得領導地位者。自我意識極強，行動力超群，得到眾人的依賴。雖然平常會放棄小事，但也能面對來自正面的挑戰，是充滿向上心的人。

2、食指和無名指長度相同的人（↓圖E）

不喜歡與他人做同樣的事情。好惡非常分明，不懂得與他人相處，此外，不會表露自己，因此，很難了解他究竟在想什麼?

3、食指比無名指更短的人（↓圖F）

最多的就是這一型，對環境的適應力較高，能配合周圍環境以展現行動，不勉強、人際關係順暢，幾乎不會出現問題。

此外，極端短的人，要花較長時間自行判斷，容易迷惘。

比較拇指的長度

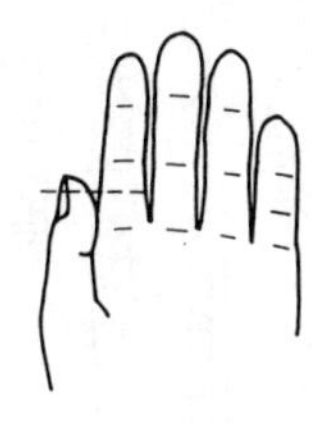

在食指第一關節中間上方

A

拇指較長的人

意志力強，取得領導地位的人。

在食指第一關節的中間

B

拇指長度平均的人

具有冷靜判斷力的人。

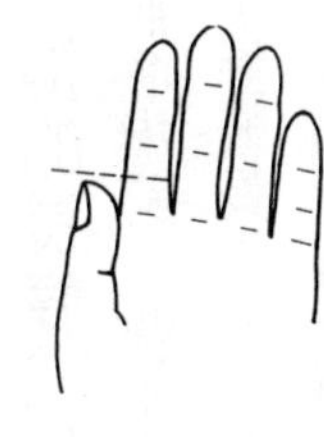

在食指第一關節中間下方

C

拇指較短的人

依賴心極強，沒有忍耐力的人。

比較食指與無名指的長度

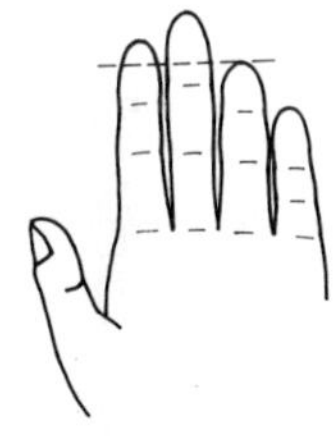

D

食指比無名指更長的人

很驕傲、自我較強、有行動力的人。

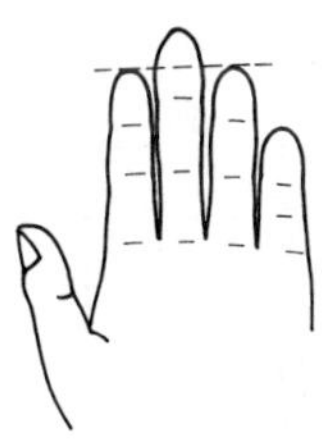

E

食指與無名指長度相同的人

具有個性，不會表露本心。

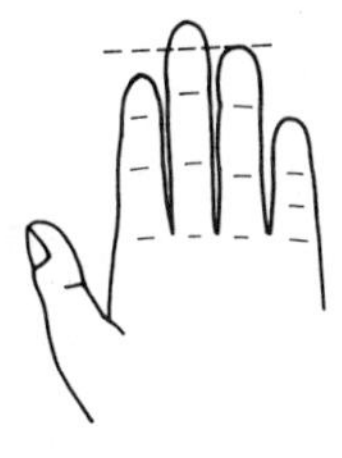

F

食指比無名指更短的人

對環境的適應力極高，人際關係順暢的人。

■檢查中指長度

中指在五根手指的中心位置，表示調和、節制與忍耐力。忍耐力強、能控制自己情緒的人，這根手指非常穩固。

1、中指極端長的人（↓圖G）

具有孤獨癖，不喜歡與他人一起行動，而喜歡自己獨斷獨行。欠缺開朗性，在意小事，警戒心極強。

2、中指長度平均的人（↓圖H）

在意周遭眾人的眼光，想要保持的人，重視地位和名譽的一型。

3、中指比食指更短的人（↓圖I）

很少見到，不過中指非常短的人欠缺正義感，不在意周遭眾人的想法，是以自我為主的人。

■檢查小指的長度

小指表示對感受性或性的關心度，也表示知性、愛及財產。

■觀察小指的長度

小指與無名指互相比較，與手指併攏伸直，判斷小指的指尖是在無名指第二關節的上方或下方。

1、小指較長的人（↓圖J）

感受性極強，擁有藝術氣質。身材很棒，富於性的魅力，是在異性中非常受歡迎的人。

2、小指指尖與無名指第二關節大致一致的人（↓圖K）是最普遍的一型，行動方式較為平均，為情緒穩定的人。

3、小指較短的人（↓圖L）對性的關心度較低的人，很難擁有子嗣。

比較中指的長度

G

中指極端長的人

具有孤獨癖，
警戒心較強的人。

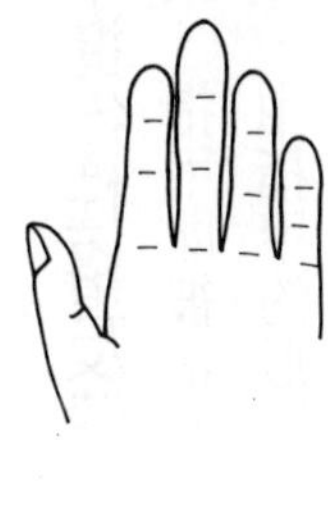

H

中指長度平均的人

重視地位或
名譽的人。

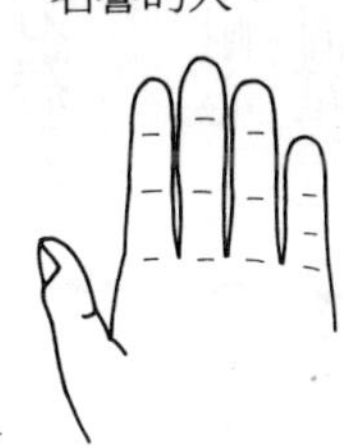

I

中指極端短的人

欠缺正義感，
以自我為主的一型。

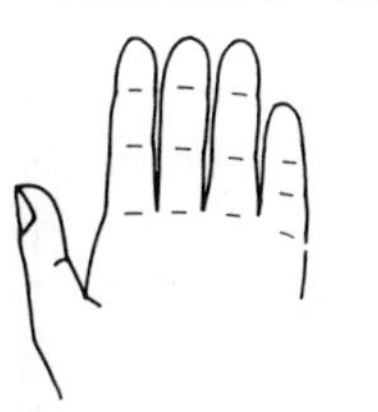

比較小指的長度

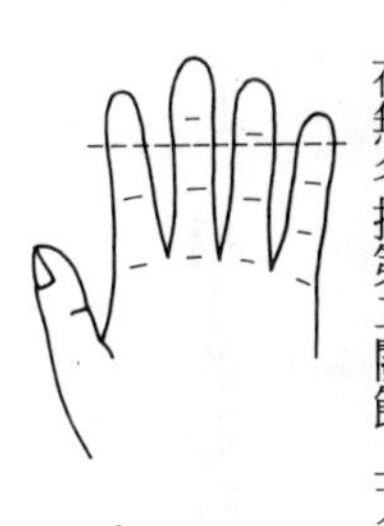

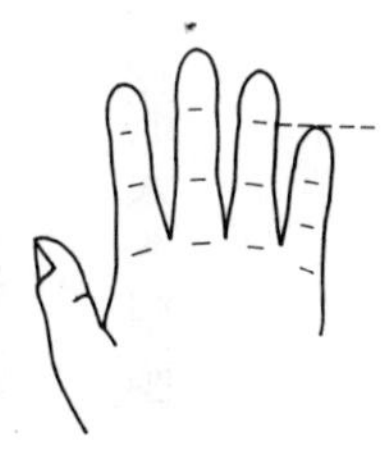

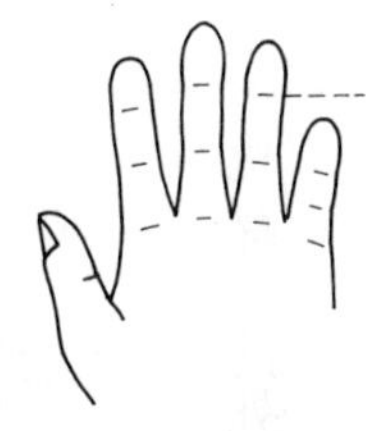

J

小指較長的人

具有藝術的氣質，在異性中很受歡迎的人。

K

小指的長度平均

具有平均的想法，
情緒穩定的人。

L

小指較短的人

很難擁有子嗣
的一型。

■利用指甲進行性格及健康檢斷

自古以來，指甲即被當成健康的象徵。身體異常時，指甲的形狀和顏色會出現異常。此外，由指甲的形狀，也可得知個人的性格。

■指甲的型態大致分為三種

Ⓐ、四方形的指甲

較多見於男性，有耐心、充滿能量、富於行動力的人。積極、具有決斷力。女性的話，則不服輸、討厭待在家裡。

Ⓑ、圓形的指甲

穩定、具適應力，是圓滿的人，凡事不會太勉強。但欠缺決斷力、優柔寡斷。是男女都可能會出現的形狀。

Ⓒ、倒三角形的指甲

女性較多見，個性纖細、在意小事。容易情緒化、焦躁，此外，身體較弱，有時無氣力。

■利用指甲做健康檢斷

Ⓓ、出現半月紋的指甲

半月紋表示個人的體調。健康狀態良好時半月紋較大，有壓力時，半月紋則會消失。有些人天生沒有這種紋。

Ⓔ、直條紋

隨著年齡的增長出現老化現象時，指甲會出現直條紋。這條紋在拇指側較多時，表示精神壓力；小指側較多時，表示肉體的壓力。

Ⓕ、橫紋

這種橫紋在手術或受傷後會出現。若出現在指甲下方，表示是最近的疾病，若出現在正中央，則表示為兩、三個月前的疾病。

Ⓖ、陷凹爪

也稱為ＳＰＯＯＮ　ＮＡＩＬ，正中央陷凹的指甲是缺乏鈣質的人，此外，也可能是罹患酒精中毒症或有心臟方面的毛病。

Ⓗ、指甲洞

指甲好像被針戳出洞來。這表示圓形脫毛症。

指甲的形狀和記號

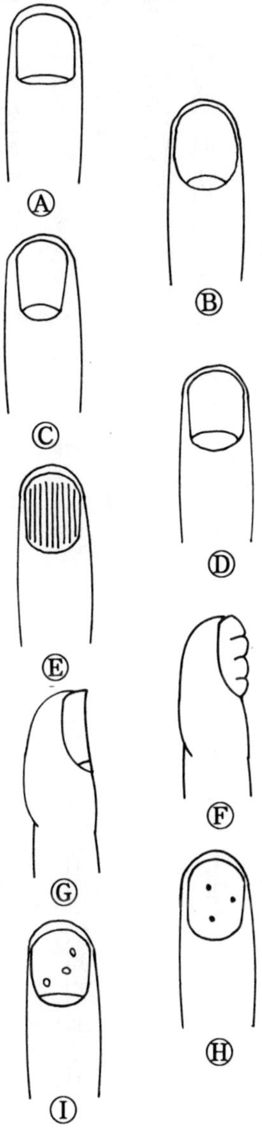

Ⓐ　Ⓑ　Ⓒ　Ⓓ　Ⓔ　Ⓕ　Ⓖ　Ⓗ　Ⓘ

Ⅰ、白色斑點

一般而言，據說指甲上出現白色的點是好事，但表示非常值得高興的事或相反的，可能是很大的悲哀或精神的打擊。

■利用指紋判斷性格

指紋的形狀因人而異，各有不同，特徵則是一生都不會產生變化。指紋表示個人的個性。指紋可分為大的渦狀紋、蹄狀紋、弓狀紋三種。弓狀紋（→Ⓒ）的出現率為三～五％，比較少，因此在這以渦狀紋（→Ⓑ）與蹄狀紋（→Ⓐ）來判斷性格。

①、拇指與食指為Ⓑ、其他各指為Ⓐ

任性、具有行動性格。大膽、想到什麼就做什麼，即使在逆境中也不服輸，會靠自己的努力開拓好運。

②、只有食指為Ⓑ、其它各指為Ⓐ

富於社交性、喜歡照顧人，氣派豪華，容易相信他人，故要注意，以免被他人利用。

③、只有拇指為Ⓑ、其它各指為Ⓐ

表面看來很溫馴，但卻是很堅定的人，年輕時很辛苦，但晚年則能擁有地位、財產和家人的照顧。

④、小指和無名指為Ⓑ、其它各指為Ⓐ

富於直覺力，能想到一些別人所無法想出的點子。美的意識極強，對異性熱情，也是在異性中很吃香的人。

⑤、只有小指為Ⓑ、其它各指為Ⓐ

擁有大希望，具有野心的人。但缺乏耐性，容易半途而廢，所以很難達成目標。是具有實力的人。

⑥、只有無名指為Ⓑ、其它各指為Ⓐ

開朗、富於魅力的性格，受人喜愛。具行動力、為努力型。所計劃的事再加上周遭眾人的努力，幾乎都能成功。

⑦、五根手指全為Ⓑ

個性極強、彆扭、自尊較高的人。過於自信，若在順境中則罷，一旦失敗時則很容易墮落。

A
蹄狀紋

現在最多的一型，好像流動的波浪。

B
渦狀紋

好像漩渦不斷地旋轉一樣。

C
弓狀紋

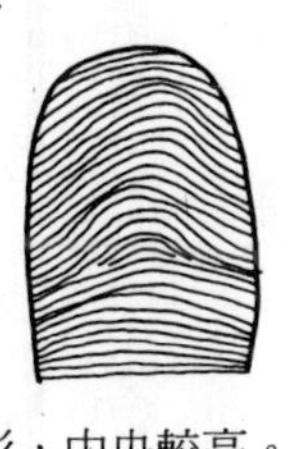

成為山形，中央較高。

三大基本線

手掌有很多錯綜複雜的線。首先就來看一個人手上最重要，且一定會有的三條基本線。

1、生命線（→Ⓐ）

英文稱為「LIFE LINE」，從食指下方沿著拇指根部、朝向手腕的線。表示生命力的強弱、健康狀態。利用這條線，就能判斷體質、耐力、疾病或意外事故等。從起點到終點都沒有斷裂，很深、很清晰的則是良相。光用線的長度來判斷壽命是錯誤的。

2、智慧線（→Ⓑ）

英文稱為「HEAD LINE」，是從拇指根部與食指之間斜切過手掌的線。表示智慧、才能、對事物的想法、日常的關心事。這個線可判斷運動能力或工作的適應性。長度與頭腦的好壞無關，線長而清晰的人，表示富於智慧的好奇心，具有獨創力。

3、感情線（→Ⓒ）

英文稱為「HEART LINE」，是從小指下方朝向食指的線。表示體貼、溫柔等感情的表現方式，或對於情愛的態度。也可以用這條線判斷人際關係。
手線較不紊亂而成一條線為良相，但只有感情線會成鎖狀，表示是感情豐富的人。

三大基本線

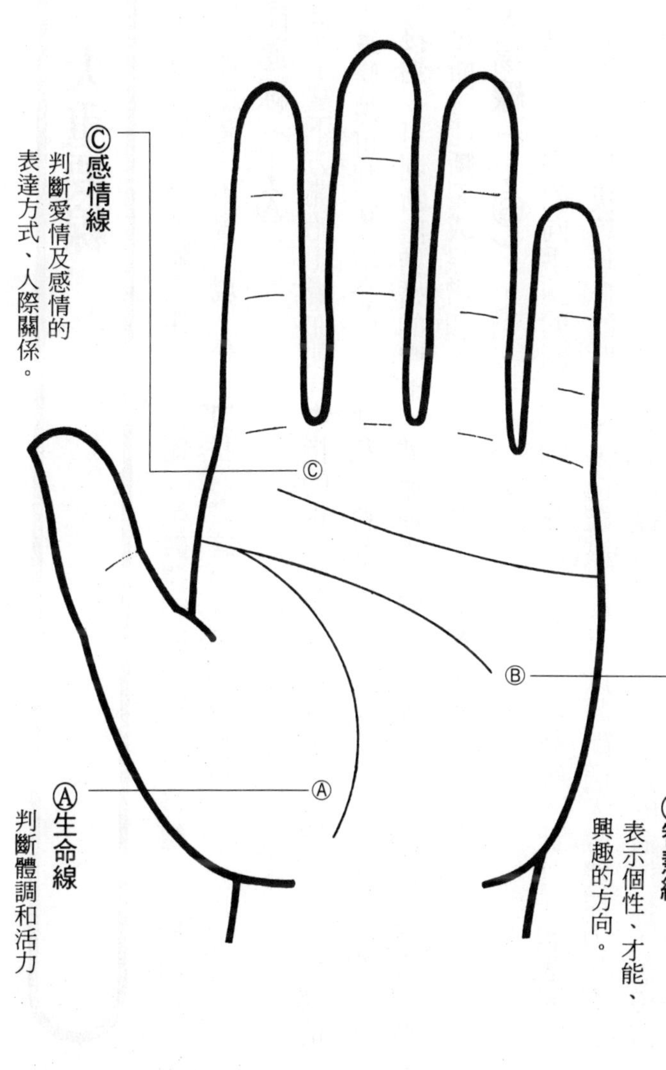

三大重要線

其次重要的就是判斷工作、社會運、金錢運和財產運的三條線。一般而言，這些線在孩提時代不會出現，是隨自我的發達而逐漸出現的線。

1、命運線（↓Ⓐ）

是從手掌下方開始出現而朝向中指的線。表示環境或職業的變化等一生運的流向。這條線可判斷個人的工作運和社會的運勢。而由這條線與影響線（↓Ⓓ）的接點，可判斷出結婚的時期。若命運線為直線，則表示很幸運，但會因環境的變化而可能斷裂或線增加、消失，故是很難判斷的線。

2、太陽線（↓Ⓑ）

從無名指下方朝向手腕的線。表示金錢運、成功、名聲等。此外，也表示來自他人的援助或提拔等無形的財產。由這條線，就可以判斷個人賺錢能力、方法及對金錢的態度。通常太陽線會伴隨命運線出現，即使是很好的命運線，若沒有太陽線時，努力也得不到回報。

3、財運線（↓Ⓒ）

從小指下方朝向手腕的線。表示金錢運或財運。這條線一般不會單獨出現，而會和命運線、太陽線一起出現。若這條線碰到太陽線，表示可藉由自己的構想而賺大錢。若是兩條線與命運線交錯時，稱為三奇紋，是億萬富翁之相，和松下幸之助手上出現的線一樣。

判斷工作或金錢運的重要線

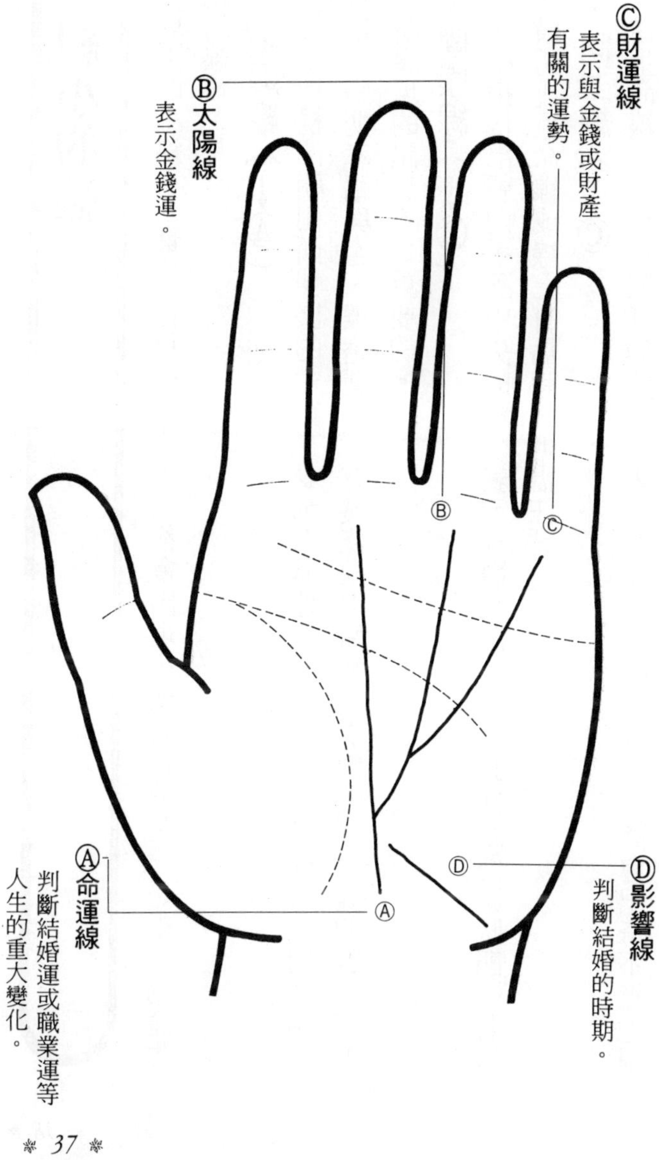

細小的線

以下的小線，不見得在每個人的手上都會出現，偶爾會消失，是很容易產生變化的線。

1、婚姻線（→Ⓐ）

從小指根部朝側面伸展的短線。表示對異性的關心度。這條線可以判斷結婚的時期、婚姻幸福與否、離婚運等。有幾條線與婚姻的次數無關，線的長度和方向等所表現的訊息才是重要的。

2、健康線（→Ⓑ）

從小指根部朝向手腕中央的線。表示身體狀況，可藉此判斷健康狀態。若這條線橫切或生命線或線上有島時，則需注意。

3、向上線（→Ⓒ）

從生命線朝食指根部延伸的線。表示夢與希望的實現。可能會出奇不意地提升地位或得到名譽，抑或在覺得受挫時突然情勢逆轉，是幸運之相。

4、障礙線（→Ⓓ）

從生命線的內側朝向命運線或智慧線的線。表示家人或親戚的障礙。此外，因小事而煩惱或消極、有自卑感的人，也會出現這種線。女性較男性更常見。

5、影響線（→Ⓔ）

從小指側手掌下方（月丘）斜向命運線的線。在異性中非常受歡迎，是富於魅力者會出現的線。這條線與命運線接近的人，表示正在戀愛中；與命運線交錯時，就是結婚的時期。

6、反抗線（→Ⓕ）

在感情線下方小指側的短線。表示反抗及正義感的強度。討厭和他人做相同的事情，在組織的限制中無法順利展現行動者，會出現這種線。

細小但重要的線

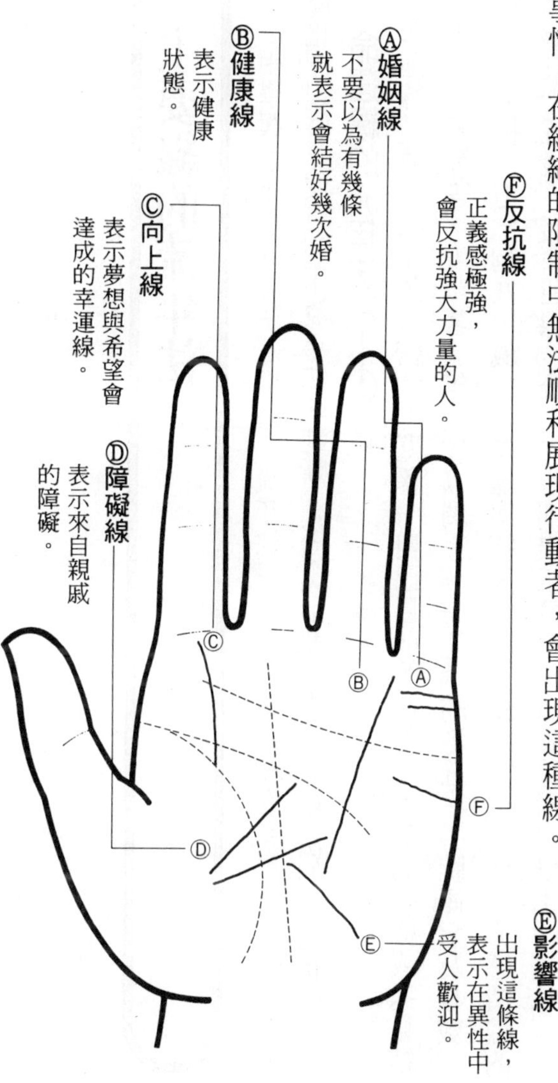

Ⓕ反抗線
正義感極強，會反抗強大力量的人。
Ⓐ婚姻線
不要以為有幾條就表示會結好幾次婚。
Ⓑ健康線
表示健康狀態。
Ⓒ向上線
表示夢想與希望會達成的幸運線。
Ⓓ障礙線
表示來自親戚的障礙。
Ⓔ影響線
出現這條線，表示在異性中受人歡迎。
Ⓒ
Ⓑ
Ⓐ
Ⓕ
Ⓓ
Ⓔ

主要線的流年法

手相學觀察年齡的方法，稱為「流年法」。當體調的變化或精神打擊、環境的變化出現時，便可利用流年法來判斷。依研究者的不同，流年法的方法也各異。

1、命運線的流年法（→Ⓐ）

命運線與個人的年齡有密切的關係。自己目前的運勢、調職的時機或遇見結婚對象的年齡等等，可藉著流年法加以調查。命運線的地丘（手腕側）為0歲、土星丘（中指下方）為九十歲。這條線與智慧線的交點為三十三歲、與感情線的交點為五十五歲。若命運線一分為二，則表示調職或留學等環境變化的訊息。一分為二之分岐點的年齡，是變化出現的年齡。

2、感情線的流年法（→Ⓒ）

如Ⓒ所示，水星丘（小指下方）為0歲，木星丘（食指下方）為八十歲，中間為三十三歲。被自己所信賴的人背叛時，受到大的打擊或在戀愛與婚姻方面出現問題時，在感情線上會出現異常的訊息。這個時期，可藉著流年法加以判斷。

3、生命線的流年法（→Ⓑ）

如Ⓑ所示，第一火星丘（拇指根部上方）為出發點，是0歲，地丘側（手腕上方）為八十歲，中間是四十歲。根據流年法，可算出生大病或動手術的年齡。完全治癒、恢復健康以後，就會恢復以往清晰的線。生命線不僅表示體調的變化，也表示環境的變化。若線出現很大的差距，或前端分叉時，則表示已移居至海外或家族的離別等。

命運線、生命線、感情線的流年法
（調查年齡的方法）

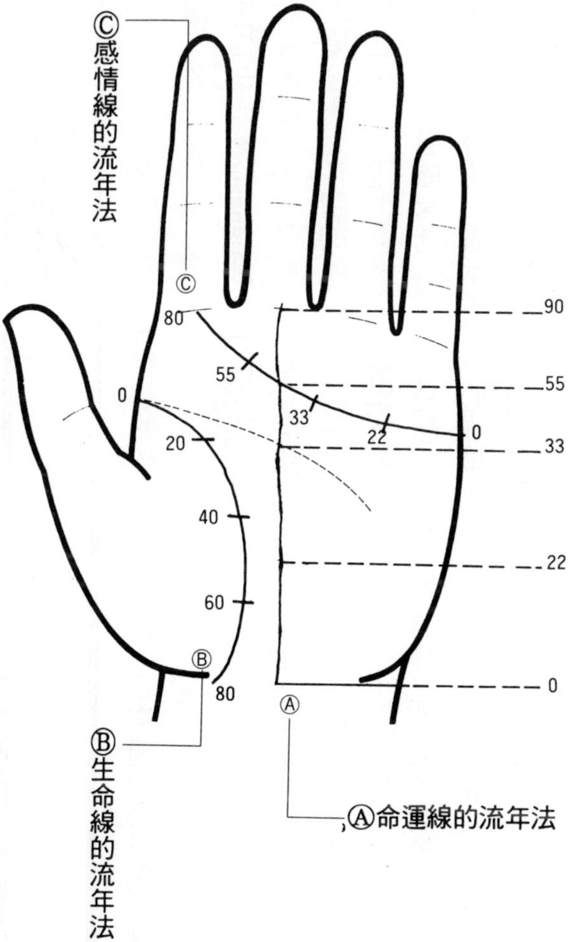

丘的名稱及看法

仔細觀察手掌，會發現有一些突起的部分，稱為丘。丘突起的情形和色澤，可判斷健康、才能、個性、運勢等。

「Ⓐ木星丘」（食指根部下方的突起）

表示名譽或地位、功名心。木星丘發達的人，有自信、支配慾，希望出人頭地，是野心家，也是活躍的領導者。當運勢較差時，這個部分的突起會減少。

「Ⓑ土星丘」（中指根部下方的突起）

表示忍耐力、思慮深沈、沈著、冷靜。土星丘非常發達的人，屬於努力、認真型。這個丘過度發達，表示太過小心謹慎，無法信任他人，會變得孤獨。

「Ⓒ太陽丘」（無名指根部下方的突起）

表示人氣和明朗、成功、名譽及藝術性。太陽丘發達的人開朗親切、情愛極深，得到周圍眾人的喜愛。具藝術氣質，是運較強的人。但是卻任性、愛慕虛榮。

「Ⓓ水星丘」（小指根部下方的突起）

表示機智、外交或社交性，以及實業、商業的才能。水星丘發達的人具有商業才能，在經濟上能獲得成功。與他人的溝通良好，這個丘發達較小時，表示缺乏創意工夫。

丘的名稱和意義①

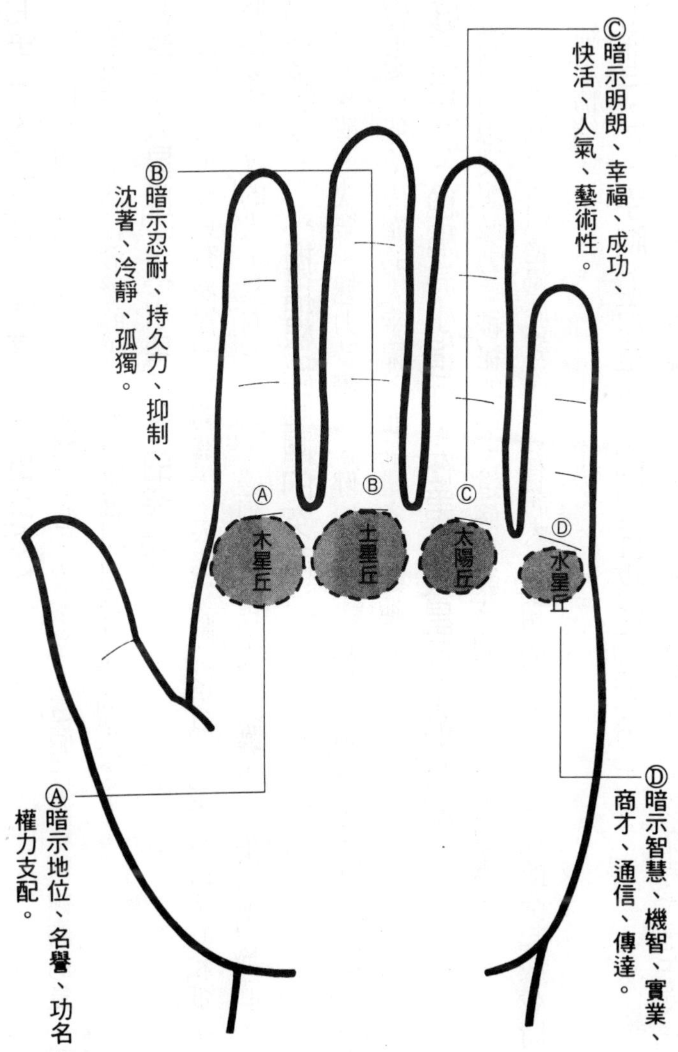

Ⓐ
木星丘
Ⓑ
土星丘
Ⓒ
太陽丘
Ⓓ
水星丘
Ⓐ暗示地位、名譽、功名、權力支配。
Ⓑ暗示忍耐、持久力、抑制、沈著、冷靜、孤獨。
Ⓒ暗示明朗、幸福、成功、快活、人氣、藝術性。
Ⓓ暗示智慧、機智、實業、商才、通信、傳達。

「Ⓔ第一火星丘」（木星丘下的突起）

火星丘充滿能量，表示勇氣與鬥爭心、攻擊性。這個丘表示積極的勇氣、耐性和積極性。這個丘發達的人富於行動性，是男性化的人。

「Ⓕ第二火星丘」（水星丘下的突起）

與第一火星丘具有表裡一致的關係，表示被動的勇氣，也表示自衛心和抵抗。這個丘發達良好的人，具有忍耐力，遇到逆境也不會焦躁，一定會盡力挽回。

「Ⓖ金星丘」（拇指根部周圍的突起）

表示愛情、快樂、魅力及體力、健康狀態。這個丘發達的人，具有活力、纖細的情愛，能使周圍的人幸福。而且是多方面趣味的人。

「Ⓗ月丘」（也稱為小指丘，在第二火星丘下的突起）

表示幻想及想像力、神秘的事。這個丘發達的人，想像力豐富，具有美術、音樂、文學氣質。但是過於發達，會有誇大、妄想的傾向。這個丘的突起較少時，表示缺乏情緒。

「Ⓘ地丘」（手腕上方金星丘與月丘夾住的部分）

表示祖先和出生時的環境、健康狀態。地丘發達的人，孩提時代是在良好的環境中成長；相反的，這個丘不發達或雜線較多的人，表示是在問題較多的家庭中成長。

「Ⓙ火星平原」（手掌中央的陷凹處）

這個陷凹表示環境的影響。平均起來感覺是自然陷凹的人，具有穩定、體貼之心；若陷凹較大，則表示意志薄弱，平原淺而薄的人，表示太過纖細、女性化。

丘的名稱和意義②

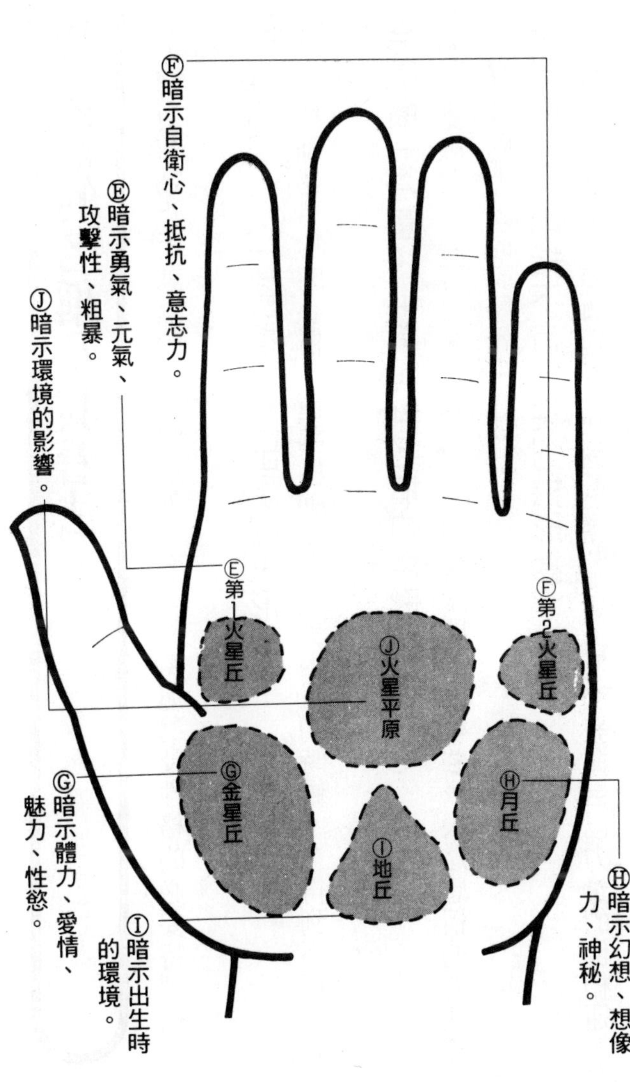

特殊線的名稱及其看法

除了到目前為止所調查的主要線以外，還有判斷運勢及性格的必要特別線，這些線不見得會在每個人的手上出現。

「Ⓐ所羅門環」（在食指下方出現的拱形線）

表示嚮往神秘事物的心情。運勢極強，在遇到困難的時候，會得到不可思議的幫助，是幸運線。

「Ⓑ金星環」（圍住中指與無名指的拱形線）

美的感覺敏銳、擁有藝術氣息的人。對異性關心度極強，表達感情的方式纖細。富於性的魅力，服裝感覺良好的人。

「Ⓒ土星環」（中指下方出現的拱形線）

表示殘忍的性格或毛病。暗示受到環境的束縛，無法發揮自己力量的倒楣運。性別倒錯者也會出現。

「Ⓓ神秘十字」

表示喜歡神秘事物的性質。身為宗教家或活躍的人較多見的相。此外，為他人犧牲奉獻的人也會出現。會與出現在相同位置的類似線混淆，必須注意。

「Ⓔ直覺線」

具有直覺力，並有預知未來和透視、成為靈媒的能力等特殊力量的人會有這種線。出現這種線，表示通常預感都很準。學習占卜的人，最好有這條線。

「Ⓕ旅行線」

訴說喜歡旅行的性格，可能會離開出生的場所而活躍在外地。對新事物非常嚮往，此外，每隔幾年便更換住所的人，也會出現這條線。

特殊線及其意義

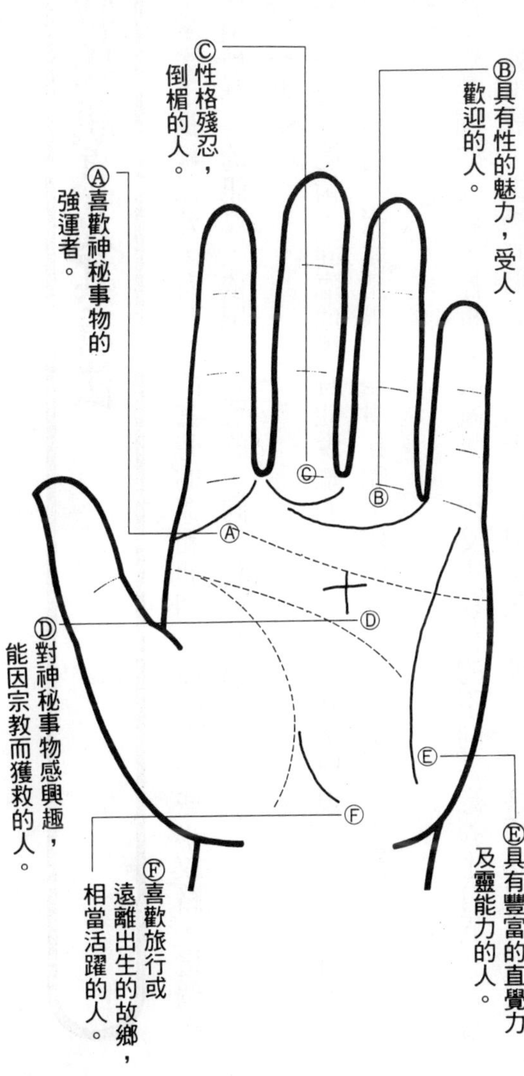

Ⓑ具有性的魅力，受人歡迎的人。
Ⓒ性格殘忍，倒楣的人。
Ⓐ喜歡神秘事物的強運者。
Ⓒ
Ⓑ
Ⓐ
Ⓓ
Ⓓ對神秘事物感興趣，能因宗教而獲救的人。
Ⓔ
Ⓕ
Ⓔ具有豐富的直覺力及靈能力的人。
Ⓕ喜歡旅行或遠離出生的故鄉，相當活躍的人。

特殊訊息及其看法

手掌除了長線以外，有時會因當時的運和體調，而出現一些小紋路。這個紋在手相上稱為運的訊息，依出現位置的不同，其意義也有異。

Ⓐ井字（＃）

表示保護、防衛，面臨危機時能脫離的意思。若有井字出現，可能會有人來向你請求一些事務。究竟請求哪些事務呢?依出現的位置不同而各異。

Ⓑ交叉（×）

表示短時間的問題、挫折或混亂等。因叉出現丘的不同，意義也有異，還有死亡或意外事故、經濟的損失等暗示，但若出現在木星丘，則具有好的作用。

Ⓒ格子（卌）

不論出現在那一個丘，都表示增強或阻礙丘的意義。一般而言，除了太陽丘的格子外，皆表示不好的意義。

Ⓓ三角（△）

因丘的不同，表示調和或其他意義，主要是指因人際關係的調和，而得到意料之外的幸運。

Ⓔ星星（＊）

表示會有好或壞非常劇烈的變化。一般是指出乎意料之外的幸運，但若出現在線的尾端，則表示完全相反的意義。

Ⓕ島（⌀）

不管島出現在那一個丘，都表示凶的訊息。與交叉一樣，表示障礙或痛苦，但處於逆境的期間較長，大約會持續三年。

訊息的詳細說明，請參照第四章「丘」的部分。

特殊訊息及其意義

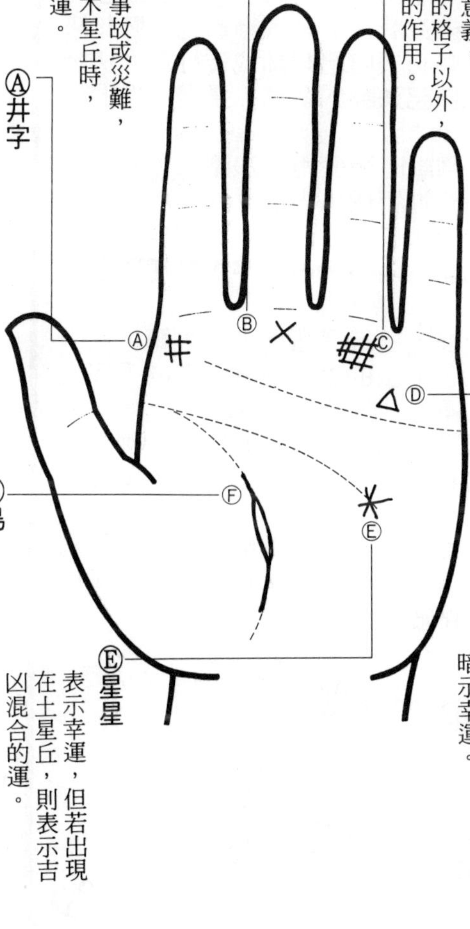

Column

歐美女性喜歡「個人占卜」

著名的世界珍珠大王御木本幸吉，每當因工作而感到煩惱時，都會請易者取出占卜所使用的筮竹來占卜，而總理大臣時代的佐藤榮作，則利用撲克牌占卜來決斷事物。聽起來似乎覺得有點可怕，但是一些必須自己判斷或進行重大決斷的領導者，可利用占卜當成自己決斷的智慧，這是一件很自然的事。

占卜原本是不知該如何判斷時所使用的決斷法，所以不要利用占卜師占卜，而是自己進行個人占卜。如神功皇后遠征朝鮮之前，會從河中捉鮎魚來占卜「吉凶」的傳說，至今依然流傳著。這是因鮎魚的鮎上附有「占」字，故使用這種魚來占卜。

歐美掀起了一股占卜旋風，發行了各種占卜書籍，其中最受人歡迎者，便是「個人占卜」的書。在我手邊的「個人占卜」書中，就介紹了十八種可以自己占卜的書。

日本也進行占卜，不過自古以來，都是利用占卜師來占卜，可是根本不管他是何道理或用何種方法進行占卜，只是相信罷了。

歐美女性對占卜的關心度高，光靠占卜師的占卜並無法令自己滿意，因此便了解占卜歷史及方法，自行占卜。這可能是我國和歐美最大的不同點吧！

觀察五條基本線

CHECK 1

生命線

利用生命線的起點、終點的位置及半圓形線張開的情形、線有無中途支線等，了解健康狀態和耐力程度。

利用生命線弧度的大小來檢查耐力度

如圖所示，從中指的中間到手腕畫一條直線（→ⓐ）。看生命線的弧度在這條虛線的內側或外側，便可了解個人的耐力度。

◆弧度到虛線為止是標準的（→Ⓐ）

這種標準型的人，對於生命力或異性都非常熱情，是均衡的人。

◆弧度在虛線外側（→Ⓑ）

健康、富於耐力的行動派。對疾病的抵抗力極強，能迅速消除疲勞，工作精力充沛，是有能力的人。若擁有這種生命線，當線粗而清楚時，幾乎一生都不知疾病為何物。此外，金星丘表示性的能量，這一型的人對異性的慾望極強。女性稍胖，富於性的魅力，因此不論男女，皆容易引起關於色情方面的問題。

◆弧度在虛線的內側（→Ⓒ）

肉體能量較弱、容易疲倦的人。是女性較多見的相，體格修長、具內向性格、在意小事、給予人優雅的印象。

調查生命線弧度的大小

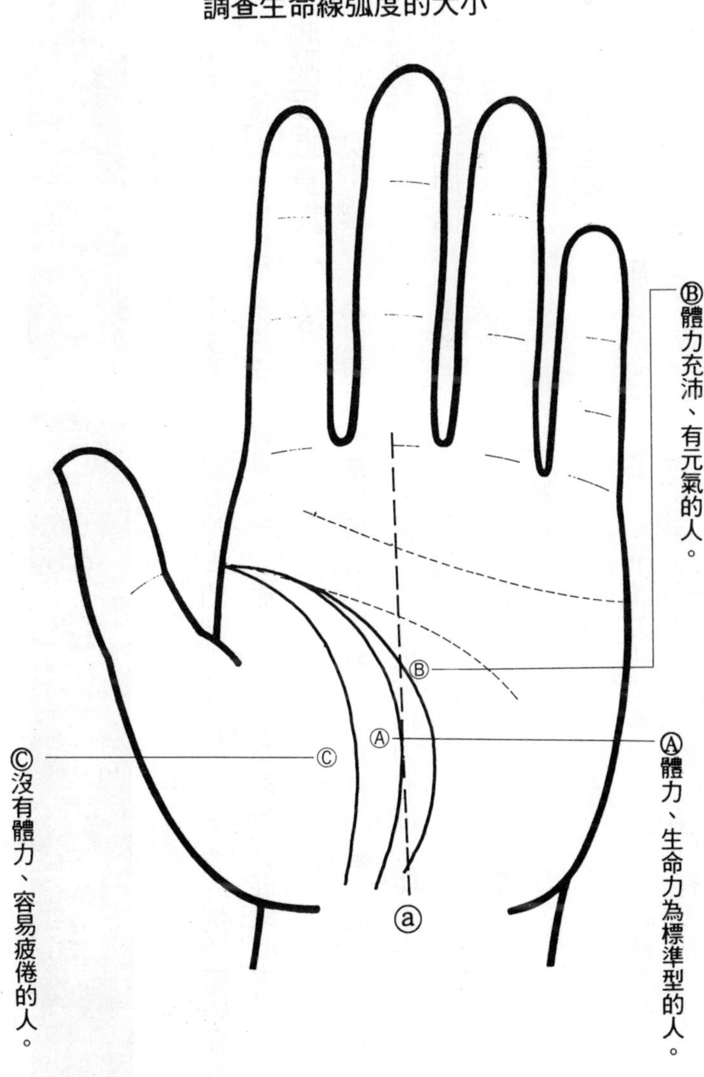

Ⓑ體力充沛、有元氣的人。
Ⓐ體力、生命力為標準型的人。
Ⓒ沒有體力、容易疲倦的人。
Ⓑ
Ⓐ
Ⓒ
ⓐ

利用生命線起點的位置及線的狀態來了解體質

◆生命線起點平均（→Ⓐ）

精神、肉體皆取得平衡的人，沒有很大的野心，對於差不多的生活便感到滿足。具適應力，做任何事都充滿幹勁，擁有體力，身心都能過著健康的生活。

◆起點接近食指（→Ⓑ）

積極、具行動力，為自信家。富於勇氣與決斷力，為野心家，擁有向上心。能有效控制自己，頗有耐力，野心與希望皆能達成。活力充沛，能長壽。

◆起點接近拇指（→Ⓒ）

想站在他人之上的欲求很強，但欠缺自制心與積極性。這一型的人生命線本身細而薄，缺乏耐力，是不能勉強的體質。

◆鎖狀（→Ⓓ）

虛弱體質，一生都必須與疾病為伴。不僅欠缺肉體的能量，同時意志薄弱，為神經質的性格。容易厭倦，無法集中心志於同一件事物。若只有起點部分是鎖狀，表示幼兒期的疾病。在性格方面，屬於膽小、優柔寡斷的人。

◆斷斷續續（→Ⓔ）

雖不像鎖狀的人一樣，但天生體質較弱，缺乏氣力，欠缺積極性。此外，比較穩重，感覺像女性。

生命線的起點在何處

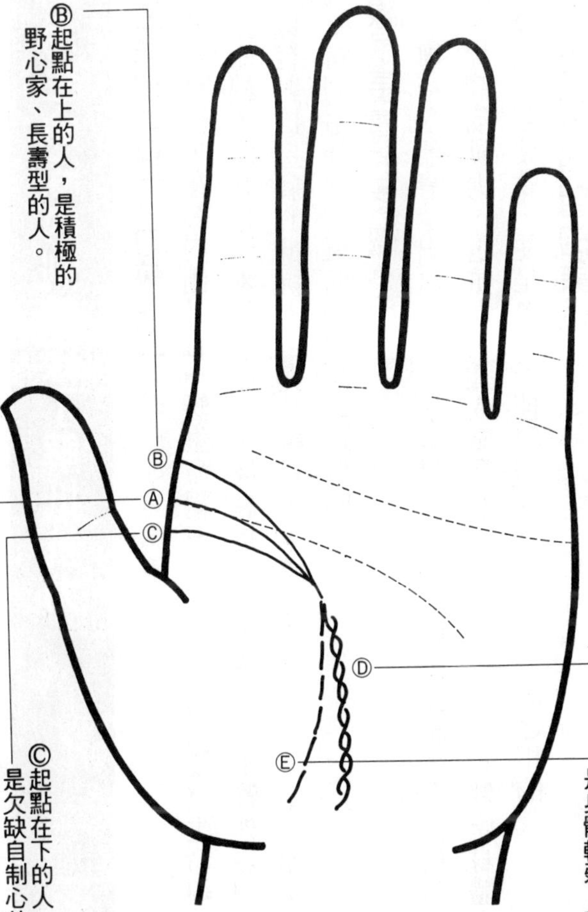

Ⓑ起點在上的人，是積極的野心家、長壽型的人。

Ⓐ起點平均的人，是精神和肉體取得平衡的人。

Ⓒ起點在下的人，是欠缺自制心的人。

Ⓓ鎖狀的人，是虛弱體質的人。

Ⓔ斷斷續續的人，是身體較弱、穩重的人。

利用生命線內側的線了解抵抗力

◆雙重生命線是抵抗力較強的人

與生命線平行，在其內側又有一條生命線（→Ⓐ），稱為雙重生命線。這條線稱為副生命線，能強化原本的生命線。擁有這條線的主人，不管外表如何，富於耐力，具有對抗疾病的抵抗力。與其說是天生頑強的人，還不如說即使罹患重症的疾病，得到這條線的幫助，便能奇蹟似的復原。

◆耐力線是長壽的象徵

如Ⓑ，拇指根部清楚出現的線，就是耐力線，這條線比副生命線更能強力支撐生命線。提高活動力、抵抗力，加入戰鬥心和積極性，是擁有健康身體者，像雙胞胎金婆婆、銀婆婆，便是擁有這種線的人，可說是長壽之相的代表。

◆風流線是風流願望的象徵

副生命線是在生命線內側五毫米處較長的線，但尚有比較短、在距離生命線二毫米處的線（→Ⓒ），稱為風流線。有這種線的人，對異性的關心度極強，風流願望也極強。女性是能吸引異性，具有神奇魅力的人。富於耐力，性欲求極強，追求風流及婚外情的刺激感。

◆從生命線內側延伸的線

延伸到木星丘的線(→Ⓓ)，表示氣力、體力充實的野心家，擁有機會的人。

朝向土星丘的線（→Ⓔ），表示富於辯才，是具說服力的人。

在生命線內側的線

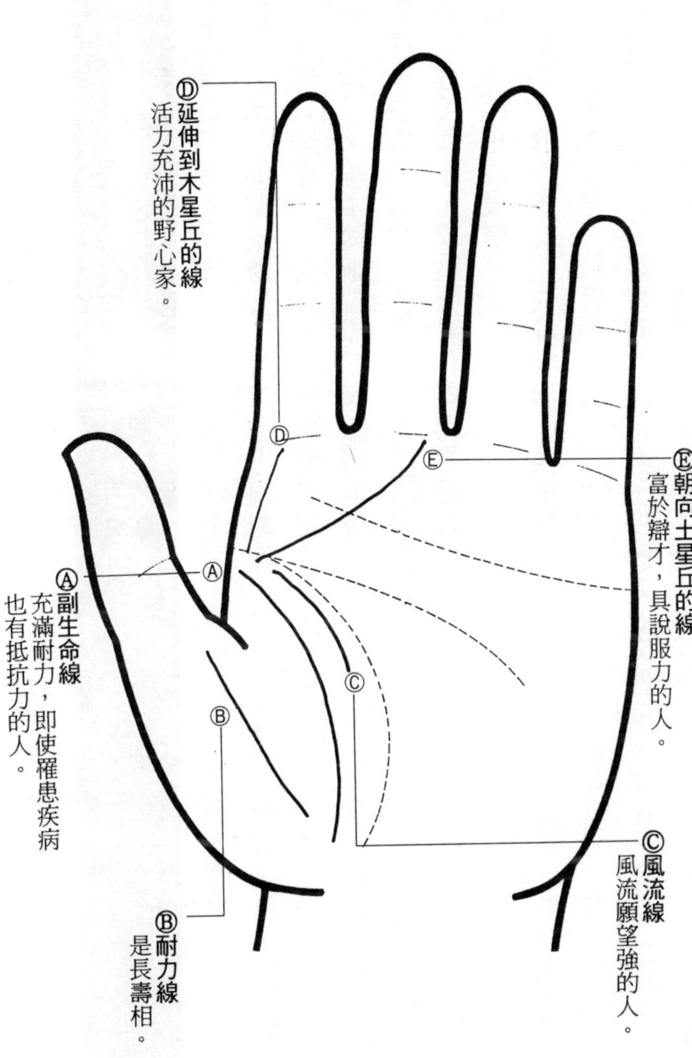

利用生命線的斷線了解疾病

生命線在中途斷裂時，依斷裂情形的不同，表示疾病或受傷、環境的變化。

如Ⓐ所示，即使線斷裂，若下方出現新線，表示障礙只是暫時的，可以安然度過。這個裂縫愈大，則表示疾病或受傷屬於重症。

如Ⓑ所示，線中途斷裂而朝側面出現較大的線時，表示與疾病無關，而且這時體質產生很大的變化。此外，留學或離開親人獨居時，也會因環境變化而出現。若重疊的程度較小，或重疊處有短線連接如Ⓒ所示，則表示就算罹患疾病，也只是輕微的，能迅速復原。

Ⓓ是另一條橫線交錯成井字形，表示補強或得到九死一生的相。遭遇大的意外事故，或罹患平常可能會死亡的大病，若出現這種線，就能撿回一命。

如Ⓔ所示，斷裂的線彎到內側，表示疾病或受傷嚴重，意味著死亡。雖然手術順利，但復原不順利的情形也可能會發生。若兩手都出現，或命運線和智慧線出現不良的徵兆，則對於疾病或交通意外事故，以及會產生危險的運動等都需要注意，必須慎重其事。

如Ⓕ所示，生命線因來自金星丘的障礙線而停止時，為死亡的訊息。一定要仔細地觀察命運線。

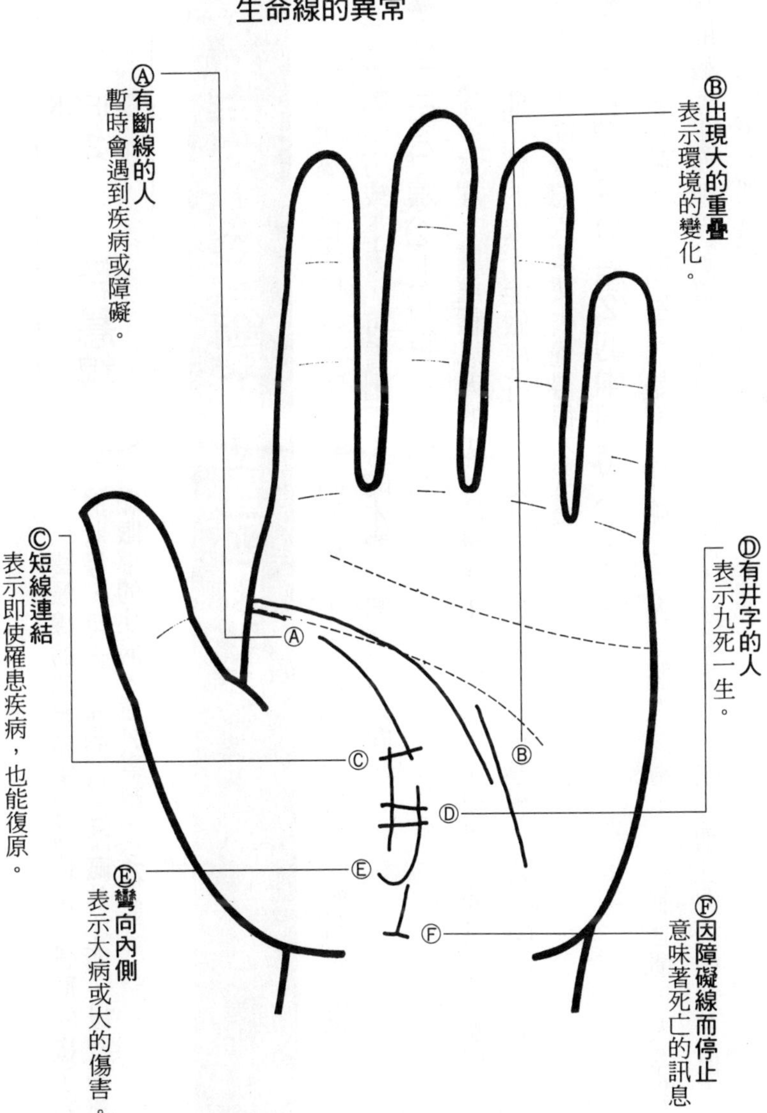
生命線的異常
Ⓐ有斷線的人
暫時會遇到疾病或障礙。
Ⓑ出現大的重疊
表示環境的變化。
Ⓒ短線連結
表示即使罹患疾病，也能復原。
Ⓓ有井字的人
表示九死一生。
Ⓔ彎向內側
表示大病或大的傷害。
Ⓕ因障礙線而停止
意味著死亡的訊息。
Ⓐ
Ⓑ
Ⓒ
Ⓓ
Ⓔ
Ⓕ

CHECK 2 智慧線

智慧線的起始和末端的位置、弧形的樣子和形狀等，可告訴我們自己隱藏的才能，以及頭部和眼部的疾病、意外事故、受傷等。

利用智慧線末端的位置了解才能

如圖所示，從手腕（→①）到感情線（→③）為止二等分，智慧線的前端在二等分的上方或下方，可看出個人的才能、興趣的方向。

◆在二等分線②上方時（→Ⓐ）

實際、合理，屬邏輯思考的人。缺點是不具融通性，但具有非常好的處理能力，是能工作的人。能做好打算，尤其女性太過於沒有夢想，欠缺開朗、溫柔的魅力，可能令戀人或丈夫覺得很不舒服。

◆延伸到二等分線②的中間時（→Ⓑ）

具有常識、一般思考，是適應性極高的人。個性圓滑，能控制感情，人際關係順暢。工作態度誠實，在自己的範圍內不斷努力。欠缺獨創性與積極性，但不管做任何事，都具有均衡的才能。

◆在二等分線下方時（→Ⓒ）

浪漫，是幻想家。富於想像力，具有一些獨特的想法，在文學和音樂、繪畫等藝術方面容易獲得成功。此外，具敏銳的直覺力及靈感，對於神秘或占卜感興趣。因為脫離現實，所以生活能力較低，需要努力的適應社會生活。平常是快樂的人，但是面臨討厭的事情時，容易變得煩惱、憂鬱。

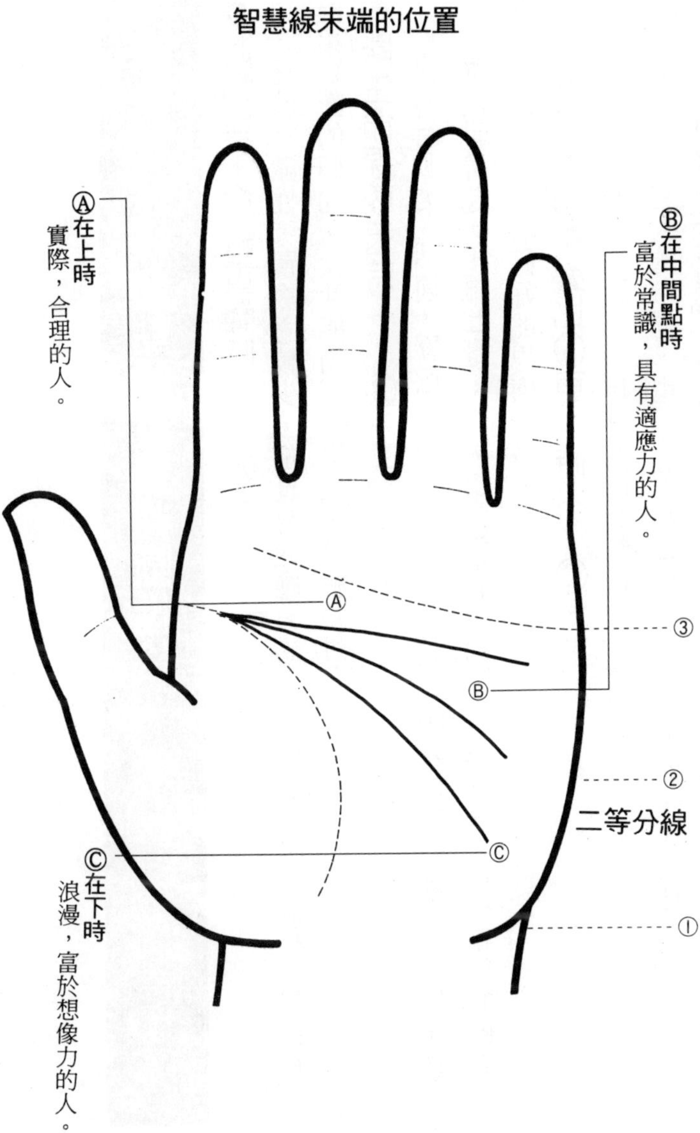

智慧線末端的位置

Ⓐ在上時
實際，合理的人。

Ⓑ在中間點時
富於常識，具有適應力的人。

Ⓒ在下時
浪漫，富於想像力的人。

Ⓐ
Ⓑ
Ⓒ
③
②
二等分線
①

由智慧線起點的位置判斷性格

◆起點與生命線重疊時（→Ⓐ）

富於常識性，冒險心較少，是具有適應力的人。個性開朗、溫和，但是具有優柔寡斷的傾向。女性能夠幫助男性，是體貼對方的人。

◆離生命線較遠時（→Ⓑ）

具有行動力、活潑，喜歡忙碌。幹練，能夠面對困難積極的挑戰，開拓運勢。如果從起點算起，距離七毫米以上，表示更為大膽，有勇無謀，具有獨斷的傾向。在行動之前，務必好好的思索一番。

◆與生命線的重疊比Ⓐ更大時（→Ⓒ）

慎重、神經質、膽小。具有理性的判斷力、踏實、努力、是不肯面臨危機的人。即使眼前有大的幸運，也可能因為迷惘或思考過度而喪失良機。

◆離生命線非常遠時（→Ⓓ）

頭腦聰明，比一般人更有創意，能發揮資格或才能。開放，具有行動力、大膽。不喜歡聽別人的指示去行動，任性，虛榮心強。此外，易接受暗示，嗜賭。

◆始於生命線的內側（金星丘）時（→Ⓔ）

起點在表示骨肉至親的金星丘時，象徵離不開父母，依賴心強。消極、小心謹慎、自卑感強烈，在意他人的眼光，會預想惡劣的狀況，為此而苦惱、悲觀。雙手都屬這一型的話，表示會長期依賴父母或兄弟而無法自立。

智慧線起點的位置

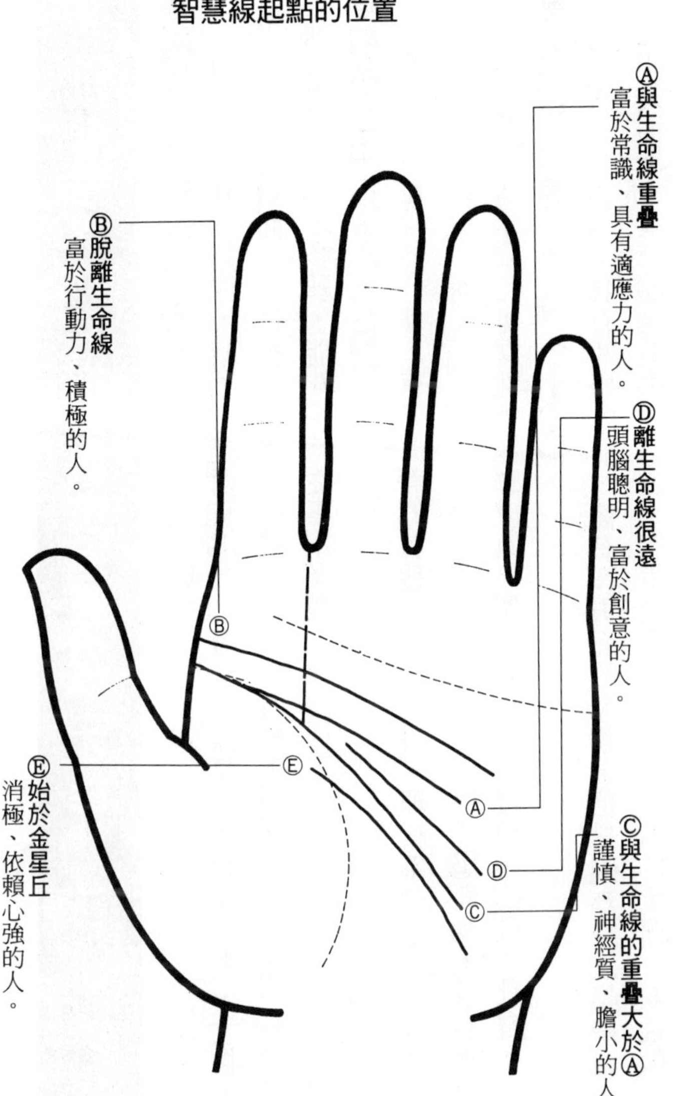

以智慧線的支線來觀察適應力、才能

◆兩條智慧線（雙重智慧線）（→Ⓐ）

通常是一條智慧線，結果都是兩條平行。擁有這種雙重智慧線的人，大膽、自主，具有行動面，但是相反的也可能很細心，具有雙重個性，為良相，經常居於他人之上。多才多藝，能夠同時從事本業與副業兩種工作。

◆前端在中指下一分為二（→Ⓑ）

為雙重智慧線的一種，有多方面的興趣。具有文科、理科系的才能，但往往想從兩種之中擇其一種，因此容易迷惘，欠缺決斷力。Ⓐ與Ⓑ都擁有良好的語學才能，隨時尋求變化，女性不滿意成為一個專業主婦，會積極的投入社會。

◆前端分岔為三條時（→Ⓒ）

與Ⓐ、Ⓑ相同，具有語學才能，擁有多方面的興趣，但是因為缺乏集中力，往往半途而廢。具有適應能力，會立刻習慣新的工作環境或新的場所。女性較為神經質，是比較難纏的一型。

◆朝上的支線較多時（→Ⓓ）

向上心極強，會發揮才能，力求進步。有很多小的考驗，人生路途不平坦，但往往因閱歷豐富而能夠成功。如果擁有一些興趣。則成功的程度截然不同。

◆朝下的支線較多時（→Ⓔ）

與Ⓓ相反，為消極志向的人。不願意克服障礙，倒霉時就想要放棄，容易被他人的意見所左右，難下決斷，機會容易逃脫。

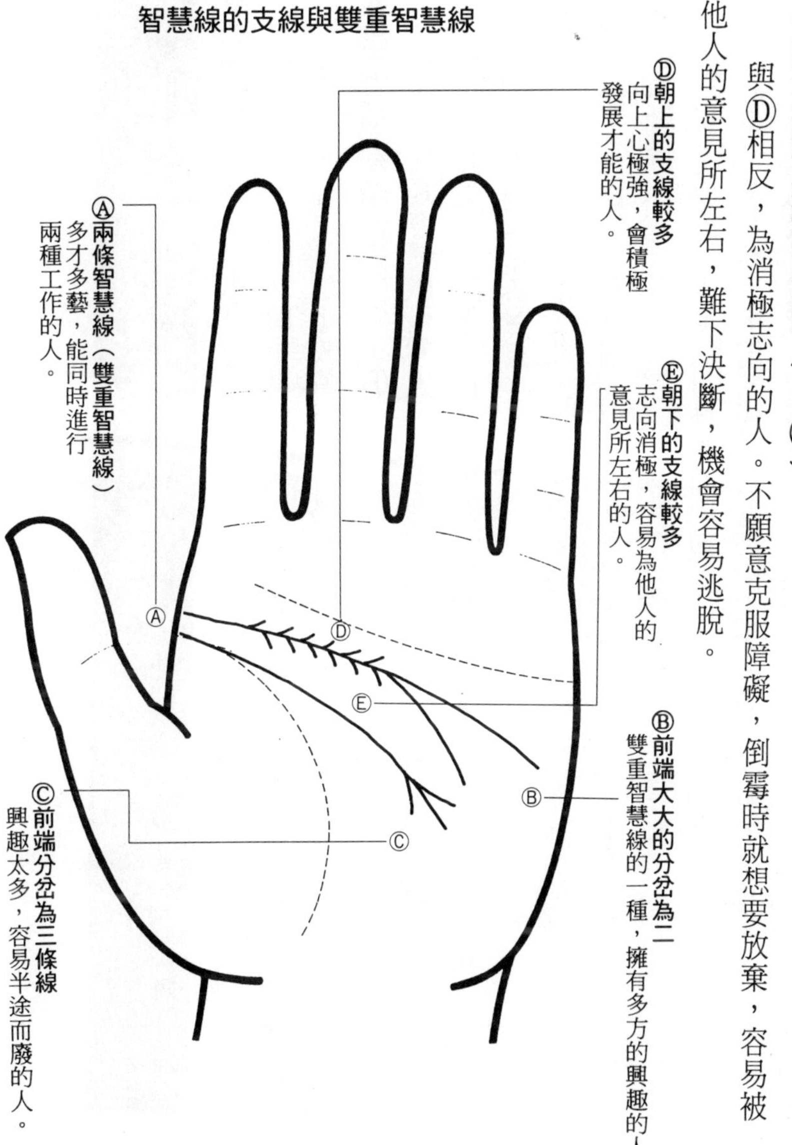

由智慧線的異常來檢查體調

◆呈現鎖狀時（→Ⓐ）

想法幼稚，會因芝麻小事而生氣，性格容易動搖。缺乏耐性目標難以達成。女性純真、爛漫，但是比較彆扭，容易相信異性的話，也在意異性的話。

◆呈現斷斷續續時（→Ⓑ）

與Ⓐ同樣是容易厭倦的人，缺乏理解力、判斷力，會展現一些超乎常理的行動。缺乏提升生活的慾望，注意力散漫，易遭意外事故，需要戒懼戒慎。

◆呈現波形時（→Ⓒ）

精神不穩定，情緒混亂，是不懂要領的人。智能的功能遲鈍，動作緩慢，易讓周邊的人焦躁。一般而言，不正直，很難適應社會生活，且易受環境影響。

◆呈現斷線（→Ⓓ）、島（→Ⓔ）、交叉（→Ⓕ）

由於過度疲勞、過度使用神經而出現焦躁、持續偏頭痛的現象。或腦與眼睛有某些毛病，需要動大手術。要確認是否出現大的疾病，宜委由專家來判斷。

具有這種鎖狀、波形、斷斷續續的智慧線的人，可以藉由改善飲食、練瑜伽等使情緒穩定，培養集中力、耐力，如此就能變成一條完整的線。

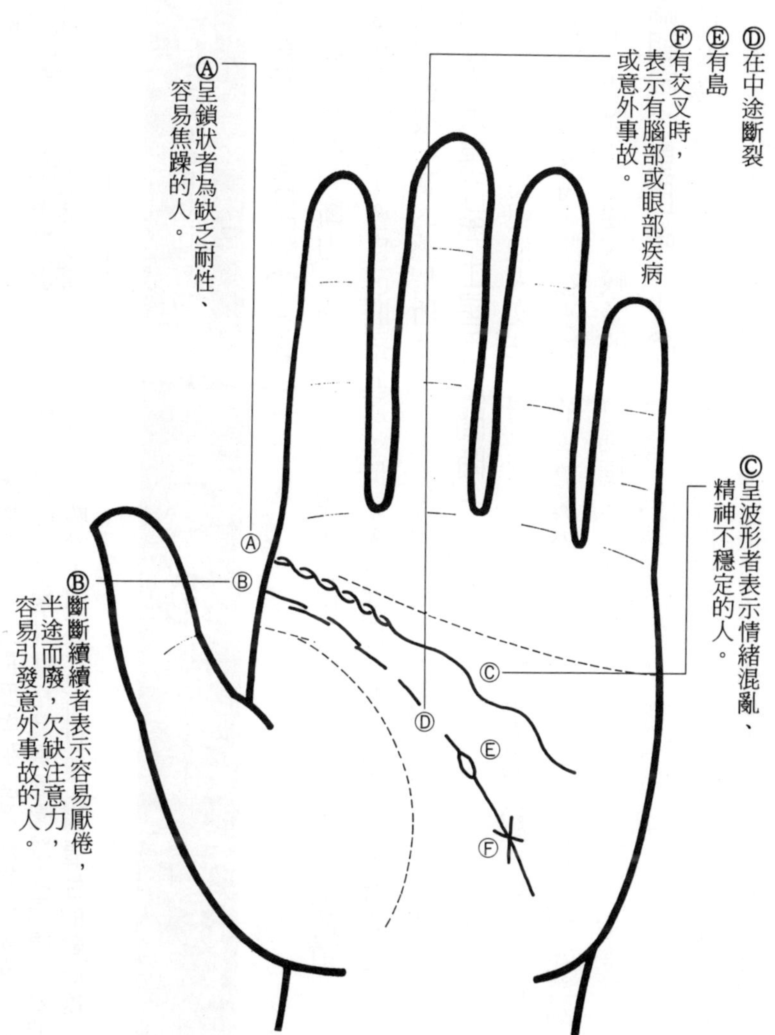
特殊的智慧線
Ⓐ呈鎖狀者為缺乏耐性、容易焦躁的人。
Ⓑ斷斷續續者表示容易厭倦，半途而廢，欠缺注意力，容易引發意外事故的人。
Ⓒ呈波形者表示情緒混亂、精神不穩定的人。
Ⓓ在中途斷裂
Ⓔ有島
Ⓕ有交叉時，表示有腦部或眼部疾病或意外事故。
Ⓐ
Ⓑ
Ⓒ
Ⓓ
Ⓔ
Ⓕ

CHECK 3
感情線

觀察感情線的長度與弧度及前端所朝向的丘等，藉此可了解其性格及對周圍眾人表現情愛的方式。此外，由此線也可以看出對異性的關心度。

感情線依前端位置的不同意義也不同

◆前端朝向木星丘時（↓Ⓐ）

智能高，具有判斷力，懂得與他人相處，為優秀的人物。出人頭地的道路平坦，不會依賴他人，會自己開拓命運，但是人際關係比較冷淡，不易表現感情。戀愛時，不會被一時的感情所迷惘，具有敏銳觀察對方的眼光。

◆前端進入木星丘與土星丘之間時（↓Ⓑ）

溫和、體貼，易與他人交往，得到眾人的信賴。但是太過於配合對方，因此欠缺決斷力。戀愛時，不在乎對方的經濟與外表，而受到對方的性格或內在美的吸引。是一位對孩子要求較多的教育媽媽。

◆前端朝向土星丘時（↓Ⓒ）

自我本位主義，冷淡、任性，不會表現自己的感情。個性陰沈，不擅長與他人溝通。對於異性的欲求強烈，欠缺精神性，只要求滿足肉體。具有精打細算的婚姻觀。將戀愛與婚姻分開來探討，希望和擁有經濟能力的人結婚。

◆前端在木星丘彎曲的弧度朝向第一火星丘時（→Ⓓ）

依自己的感情來展現行動，自尊心強，是希望取得領導地位的老板型人物。自我表現慾強，焦躁、易怒。有耐心，不畏懼失敗，容易掌握機會。懂得照顧他人，因此往往被感情所騙。不論男女，都會與比自己的年齡、社會地位更低的人結合。

感情線前端的位置

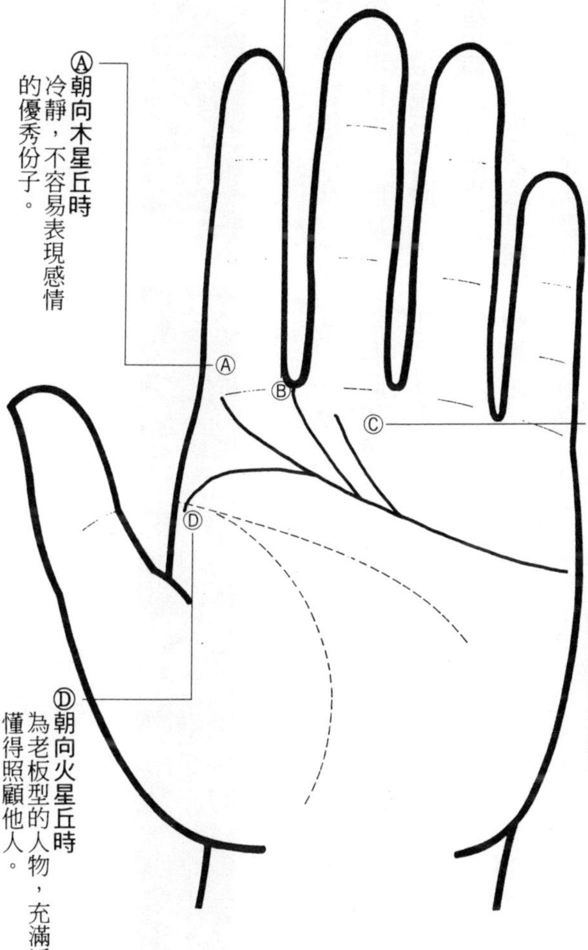

升掛是天才型

◆升掛（→Ⓐ）

感情線和智慧線連在一起橫切過手掌，稱為升掛。這型者強運，只要機會一來，就能夠展現實力、成功。雖然有時也會遭逢厄運，但力量強大，往往能夠逢凶化吉。一旦環境不合時，力量也無法發揮，但卻能夠巧妙控制自己的力量。

◆兩條感情線（→Ⓑ）

像Ⓑ出現兩條感情線，稱為雙重感情線，是遇到突發事件也能夠控制感情的人。理性、具有冷靜的判斷力，耐心極強，遇到逆境也不放棄，能夠發揮自己的力量，適合為飛行員或駕駛。即使遇到大的危機，也能夠巧妙地躲過一劫。

◆運動線（→Ⓒ）

除了原有的感情線以外，食指和中指之間出現短線，稱為運動線，是愛好運動的人。樂天派，能夠清楚地表達自己的感情，是像男性的型。具有優秀的指導力、判斷力、忠於工作，能夠展現實力。女性比較像男人，能力高過他人。

◆比普通線更短的感情線（→Ⓓ）

一般的感情線是延伸到食指與中指之間，如果在無名指的下方就停止，則為罕見型。具有這種感情線的人，焦躁、單純，孩子氣較重。以自我為主，任性，不擅長交際。但是從事勞力工作或運動人士，大都會出現這種感情線。

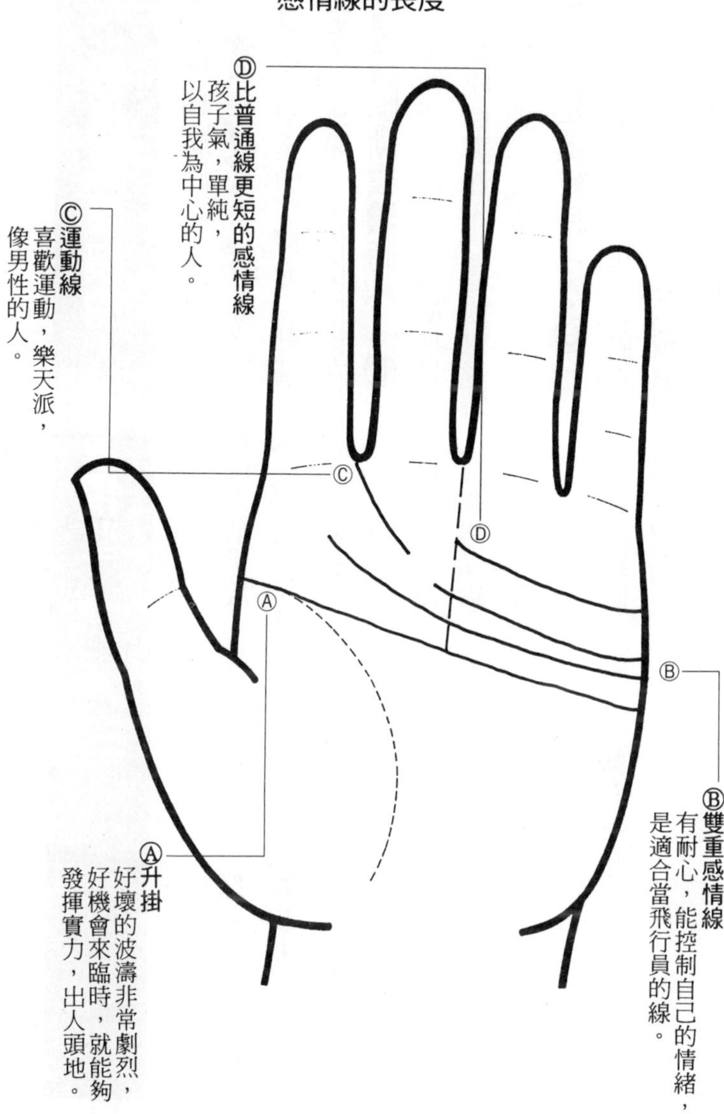

感情線斷裂的人為激情型

◆呈現鎖狀時（→Ⓐ）

感受性豐富，具有社交性，懂得人情世故。清楚地表現出喜怒哀樂，感情變化很大。積極的談戀愛，熱情一發不可收拾，甚至會為愛情而犧牲自我。人生中一定會有戀愛。男性個性像女性，比較憂鬱、纖細。

◆呈現斷斷續續時（→Ⓑ）

感情起伏激烈，為歇斯底里型的人。言語行動欠缺一貫性，情緒易變，人際關係欠缺協調性。一旦談戀愛時，會熱情洋溢，難以控制。好惡偏激，會出現戲劇性的戀情。女性魅力十足，但也風流。然而，愛他人是生存的能量。

◆呈現直細紋時（→Ⓒ）

在感情線的中指下方附近出現直的細紋時，表示心臟有毛病。而這細紋的顏色改變或變黑時，則表示循環器官系統較弱。

◆呈現島形時（→Ⓓ）

情緒的起伏激烈，原本開朗、穩重的人，會突然變得歇斯底里。感情的糾葛可能會使戀愛或夫妻之情畫上休止符。可利用流年法來判斷其時期。如果在感情線的起點處出現島的話，表示在年輕時；而在尾端出現島的話，則表示在中年以後會出現這種情況。此外，也可能是心臟或血管出現毛病。

◆呈現交叉時（→Ⓔ）

表示戀愛上出了問題，必須與對方分手的象徵，也可能會出現死別的情況。

出現在感情線上的訊息

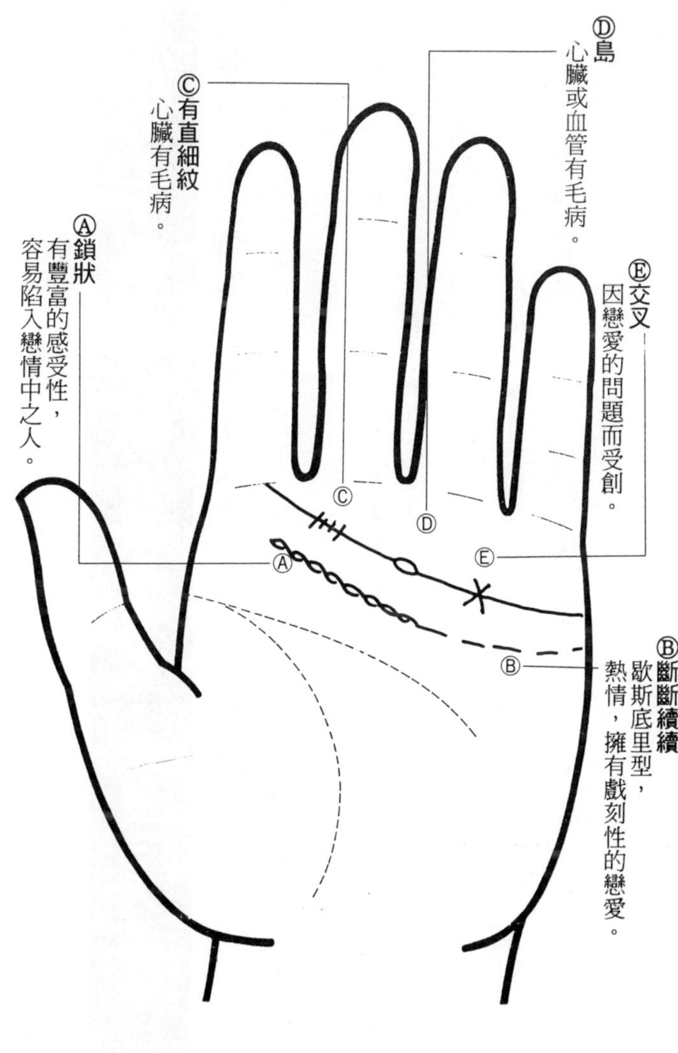

Ⓓ島
心臟或血管有毛病。
Ⓒ有直細紋
心臟有毛病。
Ⓐ鎖狀
有豐富的感受性，
容易陷入戀情中之人。
Ⓔ交叉
因戀愛的問題而受創。
Ⓑ斷斷續續
歇斯底里型，
熱情，擁有戲劇性的戀愛。
Ⓐ
Ⓑ
Ⓒ
Ⓓ
Ⓔ

感情線上下較多支線的八面玲瓏者，掌握「人氣運」

◆前端進入食指之間與木星丘時（→Ⓐ）

具有豐富的情愛，個性圓滑、冷靜，不妥協，為雙重性格者。適應力強，能夠與周邊的人配合，人際關係良好。

對戀愛很感興趣，會產生熱戀，但是也能控制自己的情緒。女性具有中性的心態，一旦對異性失望或失戀時，可能會發生同性戀的事情。

◆前端分岔為三的感情線（→Ⓑ）

這種手相稱為叉子，個性溫柔、體貼，具豐富的情愛，富同情心，會對困難的人伸出援手。但優柔寡斷，易一見鍾情，易受到背叛或欺騙，造成麻煩。

◆朝上的支線較多時（→Ⓒ）

開朗、體貼，感受性強。會積極的推銷自己，具有個性。能夠吸引異性。

◆朝下的支線較多時（→Ⓓ）

在意周遭的人，具有犧牲奉獻的精神，但是過於拘泥小節，容易擔心。能夠受到他人的依賴，經常被利用。在戀愛方面，容易受到背叛或陷入單戀中。

◆出現朝上朝下的支線時（→Ⓔ）

八面玲瓏，深受異性喜愛，擁有神奇的魅力。

從感情線伸出的支線

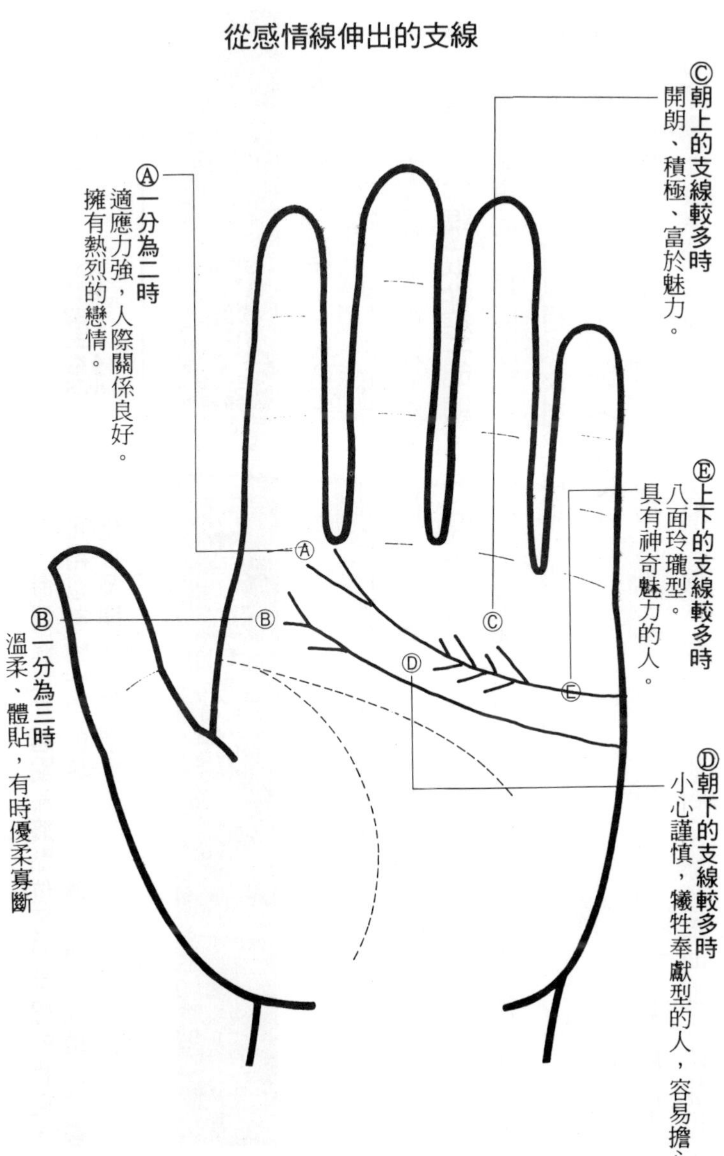

CHECK 4 命運線

命運線依其起點和終點位置與斷線的程度，可用以判斷一生的好運、厄運的時期或環境的變化以及開運的形態等。

由命運線的起點位置來掌握運的方法

◆從地丘伸出時（→Ⓐ）

孩提時代擁有良好的環境，能夠發揮才能的強運者，也能靠己力開拓運勢。中年以後，在社會有很好的發展，但不易得到他人的協助，必須凡事靠自己。

◆連接生命線或從生命線下方伸出時（→Ⓑ）

受到雙親的信賴與影響，靠自己的力量開拓運勢，孩提時代的環境對運勢造成很大的影響，可以得到來自父母或兄弟的援助。

◆從生命線中途伸出時（→Ⓒ）

不依賴他人，靠自己的力量開拓人生。無法得到父母的援助，年輕時離開父母的身邊，很早就在社會上出人頭地，獨立心強。會朝向目標奮勇前進，終能得到成功。是不依賴家勢或學歷的實力主義者。

◆從金星丘伸出時（→Ⓓ）

得到父母的財產或精神的支持而開拓命運。繼承父母的事業，或利用遺產開拓自己的事業，以父母的背景或基礎在社會上得到成功。

◆從月丘生出時（↓Ⓔ）

稱為人緣線，能夠得到他人的提拔與援助而開拓好運。個性開朗、具有魅力，易與他人相處，得到眾人的喜愛。演員或商店經營者最好能夠擁有此線。

命運線的起點

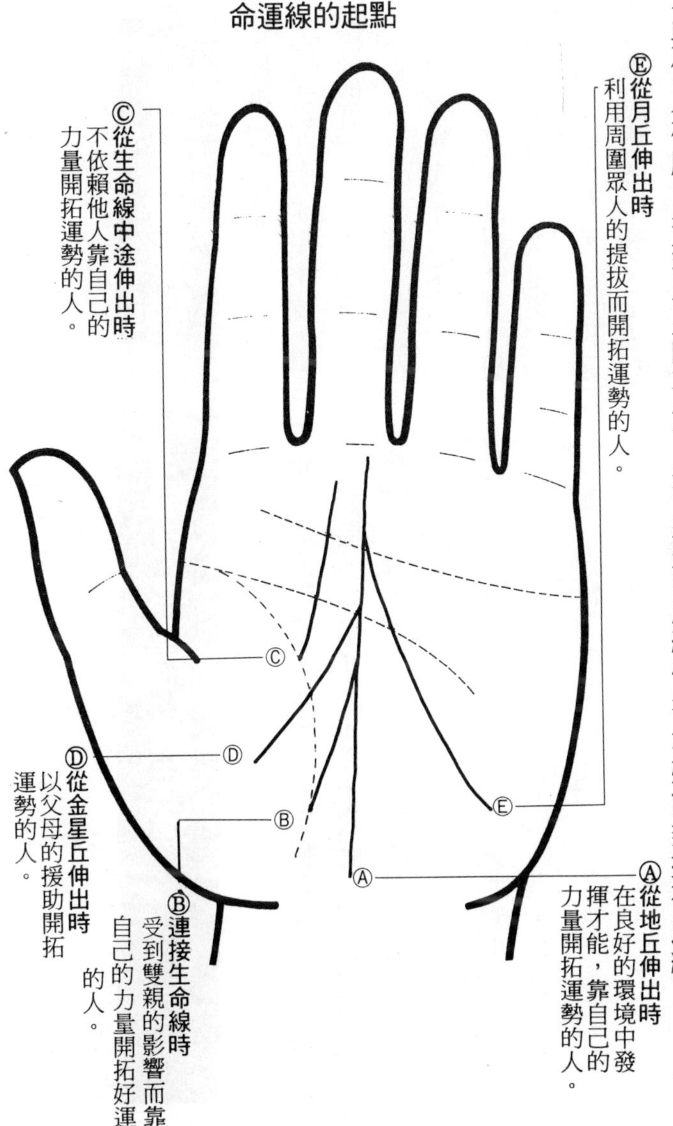

利用命運線的長短了解早年運、晚年運

◆止於智慧線時（→Ⓐ）

命運線在中途停止時，表示在此年齡運勢會停滯。停止在智慧線的人，在二十歲以前就能開拓早年運，年輕握有良機。如果在十、二十歲層不好好的建立基礎，中年會非常辛苦。如果在這條線停止時，表示無法充分發揮自己的才能。

◆始於智慧線而止於感情線時（→Ⓑ）

早年辛苦，運勢不佳。雖有實力，苦無發揮的機會，無法遇到幫助者。從三十歲到五十歲時，機會集中的到來，可以發現到好運，在某個時期，會全力對工作或人際關係展現慾望，但是耐力不足。忽冷忽熱是致命傷。

◆從智慧線伸出時（→Ⓒ）

大器晚成型。早年辛苦過了三十五歲後，開始展現實力，其後一帆風順。因此勿操之過急，要等待機會。利用自己的才能或特技開運。要檢查智慧線的形。

◆從感情線伸出時（→Ⓓ）

從年輕到中年期為止，無論公私都很辛苦，無法發揮自己的才能，有很多的工作經驗，會更換許多工作。一旦遇挫，就會歸咎於他人或放棄。五十歲以後運勢大開，想要的人生就在等著你，因此，要繼續努力，勿輕言放棄。

命運線的起點與終點

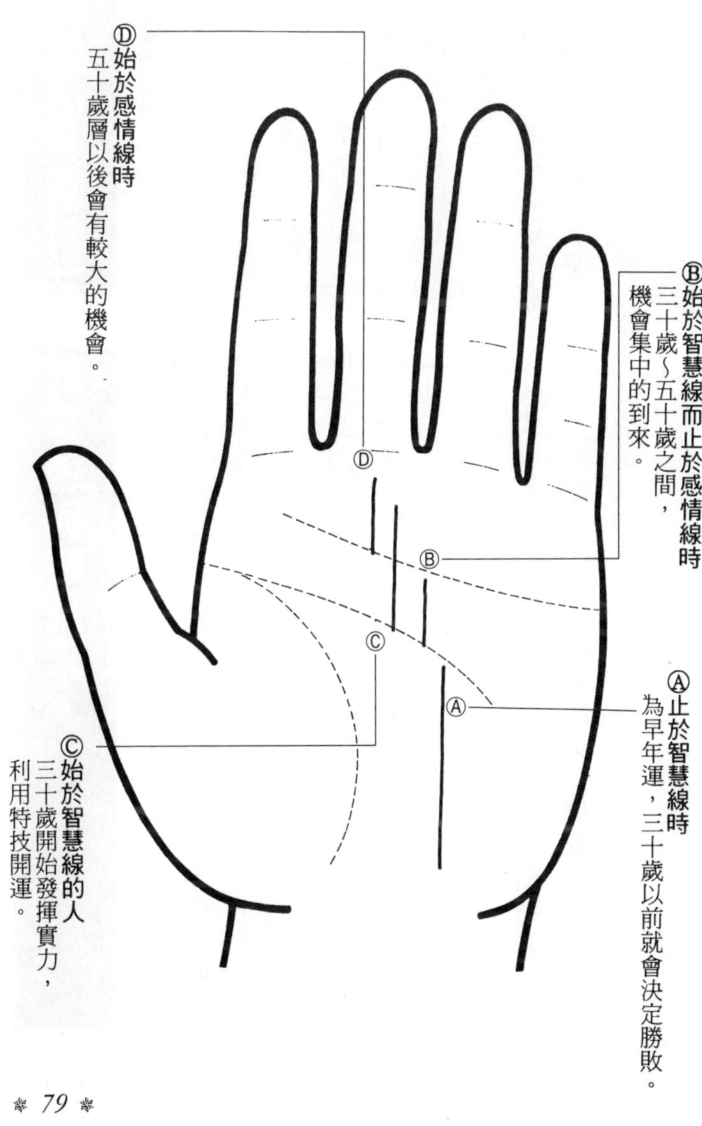

檢查出乎意料之外的霉運何時到來

◆斷斷續續時（→Ⓐ）

耐力不足，常換工作，生活不穩定。若擁有很好的太陽線，藉由各種經驗之後就能提升運勢，此外，會出現貴人。最近的年輕人多屬這型，不是厄運。

◆有空白部分時（→Ⓑ）

因為工作上的失誤而失去工作，或因為夫妻分手而深受打擊，生活出現大變化。線中斷的空白期間，表示跌入失意的谷底。這個部分再往上，如果有清晰的命運線，則表示後勢極強。

◆止於障礙線時（→Ⓒ）

表示來自親戚的障礙而導致失敗或辛苦。因為父母的反對而無法結婚或無法重新振作或因為親戚的阻攔，工作受到打擊，一蹶不起。如果這條線和命運線相遇兩次以上，表示辛苦無比，會因此而造成自卑。

◆有島時（→Ⓓ）

會出現工作上的低潮、經濟蒙受損失、離別等人生重大打擊，障礙持續三年，但若島和感情線或智慧線有關時，辛苦更多，需花更長的時間才能渡過難關。

◆有交叉時（↓Ⓔ）

在命運線中途出現交叉時，表示為人際關係或工作而煩惱，這種交叉所產生的障礙約持續一年。如果在命運線之始出現交叉，則表示會有貴人出現，扭轉厄勢。如果分叉出現在終點時，則表示晚年會因為環境的驟變而遭遇不幸。

出現障礙的命運線

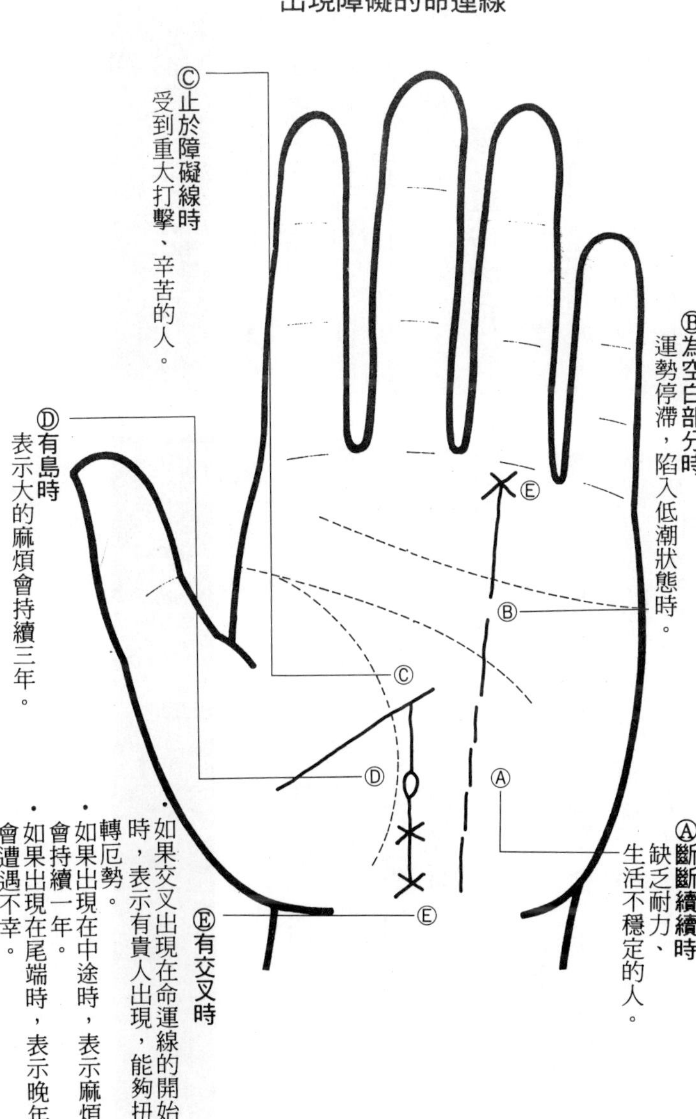

一邊產生變化一邊開運的人

◆呈現階梯狀時（→Ⓐ）

障礙多，經常更換工作，很辛苦，但是努力與忍耐能夠使你渡過難關。以挫折為跳板，提升自我，就能夠獲得成功。中年以後，才能夠真正展現實力。

如Ⓐ—1所示，如果新的命運線出現在拇指側，表示可以靠自己的意志改變運勢。如Ⓐ—2，如果出現在小指側，表示會受到他人的影響而改變運勢。

◆貴人線（平行的短線）出現時（→Ⓑ）

會出乎意料的出現貴人，給予工作上的建議或經濟上的援助，能夠實現以往辦不到的事情，是開拓好運的機會。若這個線出現在拇指側，會有來自親戚的援助；出現在小指側，則有來自他人的援助。若線較長，得到支援的期間更長。左右兩側都有這個線，表示得到親戚及他人的幫助，是擁有好運之人。

◆前端一分為二時（→Ⓒ）

得到地位、名聲獲得大成就以後，晚年失勢。女性的話，有晚年離婚之相。出現這種分岔時，晚年無所依賴，或為了照顧子女而十分的辛苦。

◆命運線前端的位置（→Ⓓ）

如Ⓓ—1所示，朝向木星丘，表示得到地位、名聲，能夠達成願望、野心。

如Ⓓ—2所示，如果朝向太陽丘，表示能夠得到富貴榮華，得到成功。

如Ⓓ—3所示，朝向水星丘的話，表示能夠開拓學問、知識。

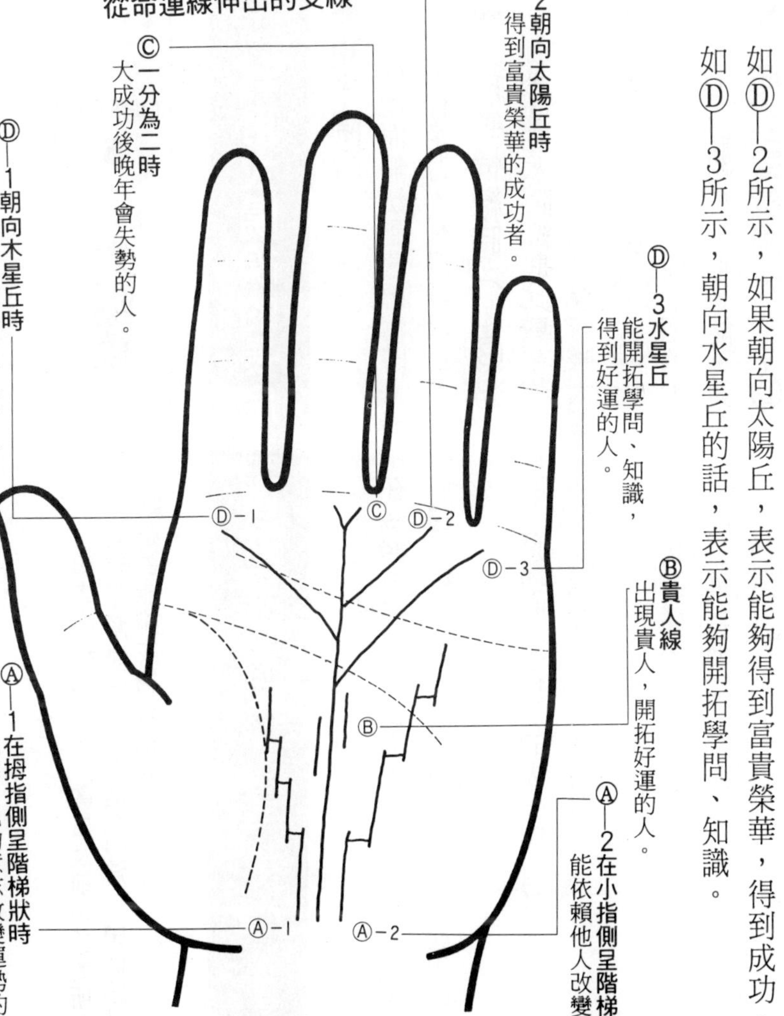

CHECK 5

太陽線

由太陽線的長度、數目及前端位置所在的丘，就能夠了解賺錢的能力與方法。由此線就能夠判斷是否能夠成為有錢人。

利用太陽線的長度判斷財運

◆短太陽線（→Ⓐ）

線短而無法到達感情時，表示在金錢方面過於依賴他人，不懂得運用金錢。雖有能力，卻很難得到工作與金錢。經由努力，線會加長，財運也會上升。

◆止於感情線時（→Ⓑ）

像這種太陽線是比較平均的長度。是指財運穩定的人，擁有賺錢的能力。想法踏實，也許沒有賺大錢的機會，但卻會慢慢地蓄財。

◆超過感情線時（→Ⓒ）

如果有一條長而明顯的太陽線已經超過感情線，表示年輕時的努力在三十歲層後半已經開花結果，能夠與財運相連，具有很好的財運。

◆延伸到智慧線時（→Ⓓ）

頭腦清晰，擁有才能，運用才能，就能夠賺錢。進入中年以後，得到社會的認同，財運上升，擁有賺錢的獨創力。

◆止於生命線時（→Ⓔ）

為勤勉努力家，年輕時努力向上，中年到晚年能夠成功。且得到父母的幫助。

太陽線的長度

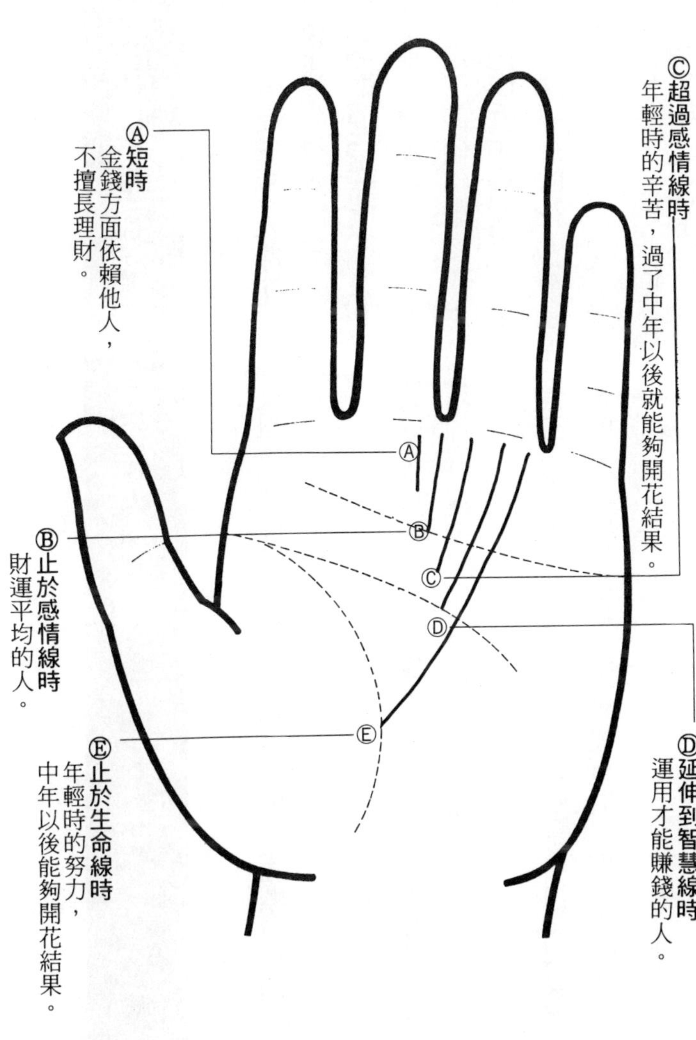

利用何種方法開拓財運呢？

◆進入金星丘時（→Ⓐ）

是非常罕見的相，是能夠得到父母、親戚的援助而開拓財運的人。適合從商，能夠繼承家業，得到成功。

◆延伸到命運線時（→Ⓑ）

事業運、財運都很好的人，能夠享受到賺錢的樂趣，有才能，經由努力，就能成功。過了某個年齡之後，就會得到財運，工作很自然的就能與金錢相連。

◆延伸到接近手腕時（→Ⓒ）

與命運線平行的長太陽線是罕見的型，象徵財運很強。也許會從白手起家而成為億萬富翁，是具有獨特金錢感覺的人。注意到別人沒有從事的工作，年輕時，就在社會上出名，是理想的太陽線。

◆朝向月丘時（→Ⓓ）

想像力豐富，有敏銳的直覺力，在音樂、文學、藝術方面得到成功，掌握財運。得到周圍眾人的人氣而開拓好運。演藝人員有這種線時，能夠在短期間內成名。也適合當占卜師。靈感或做夢，都可成為一種啟發，能夠掌握大財運。

◆朝向第二火星丘時（↓Ⓔ）

運用構想或專門技術掌握財運。年輕時努力做自己感興趣的事，中年後，因此得到金錢。能夠不畏困難，具強大的耐力，擁有資格或運用技術開拓財運。

太陽線末端的位置

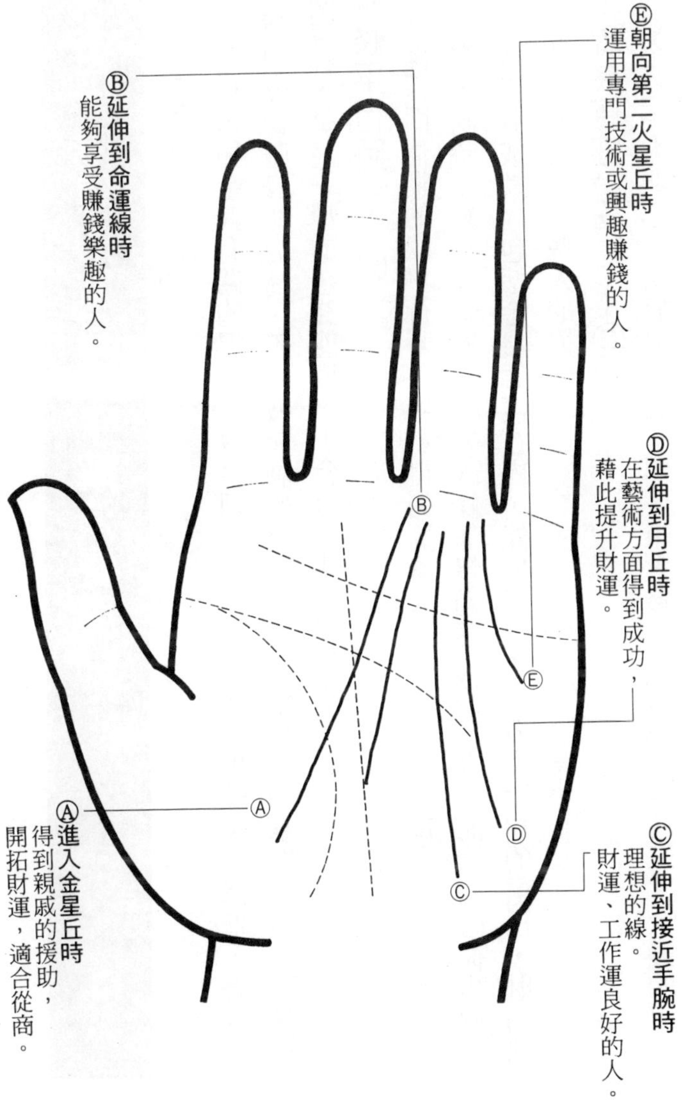

由太陽線的數目來了解浪費度

◆只有一條時（→Ⓐ）

不會從事與金錢有關的冒險，會合理的使用金錢。如果線長而清晰，表示社會的信用度與賺錢能力高。不會做無謂的浪費，會腳踏實地的掌握財運。貫徹自己的方針，是這一型的金錢態度，不會有一些奇怪的欲求。

◆兩條平行時（→Ⓑ）

兩條深而清晰的線平行時，表示得到周邊人士的信任，有貴人出現，得到社會的名聲，同時能夠提升財運。如果兩條都超過感情線，表示能夠同時從事兩種工作，並得到成功。包括金錢態度在內，能夠得到年長者及上司的信任，財務遇到困難時，能得到這些人的協助。

◆出現幾條細紋時（→Ⓒ）

對金錢不太關心，屬於浪費型。即使賺大錢，也可能花得精光，金錢的出入起伏極大。對於錢太忽視，有時會受騙而蒙受損失。是特種行業較多見的相。運用構想，考慮錢的運用方法時，就會出現橫紋，而形成如Ⓓ一般的格子。

◆出現格子時（→Ⓓ）

運用一般人想不到的構想來工作而拓展好運。出現格子時，可能企畫未實行就一切結束了。不過，如果存在從格子延伸到第二火星丘的太陽線時，則加上說服力與行動力，能使構想實現，確實能夠掌握財運。

太陽線的數目

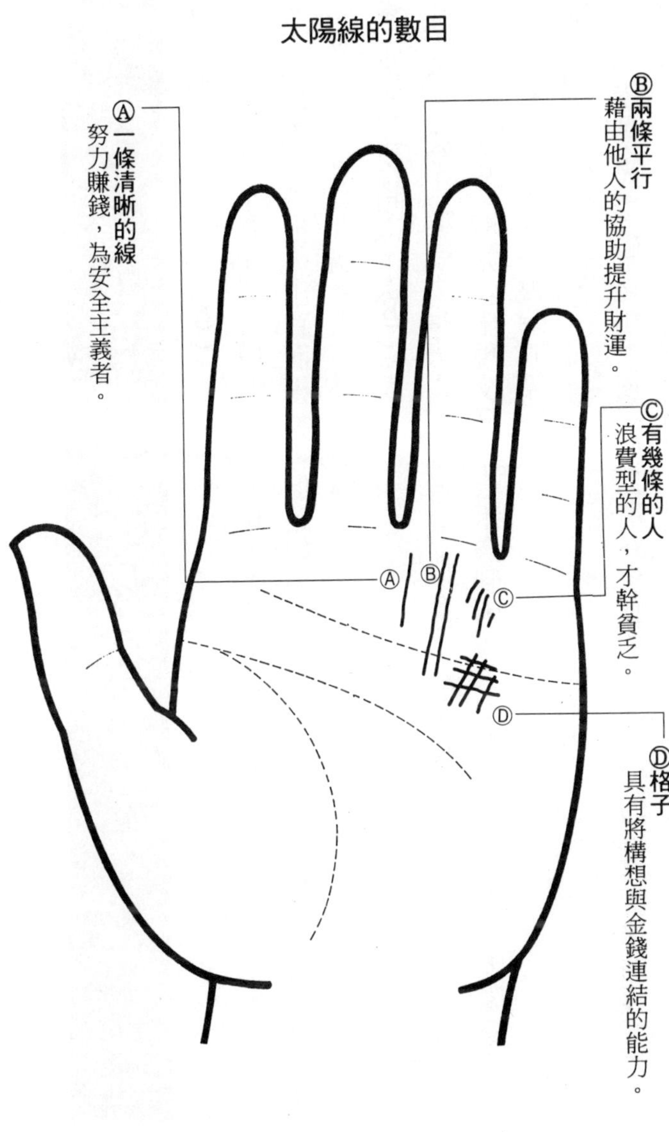

Ⓐ一條清晰的線
努力賺錢，為安全主義者。
Ⓑ兩條平行
藉由他人的協助提升財運。
Ⓒ有幾條的人
浪費型的人，才幹貧乏。
Ⓓ格子
具有將構想與金錢連結的能力。
Ⓐ
Ⓑ
Ⓒ
Ⓓ

由太陽線上的記號了解金錢煩惱

◆出現星星時（→Ⓐ）

可能因為不動產或炒股票而賺大錢，由於事業的成功，得到地位、名聲、金錢。可能因為替他人出資而得利。但是如果太陽線的起點（無名指根部）出現星星時，表示將有大禍臨頭，需要小心。

◆出現交叉時（→Ⓑ）

表示金錢上蒙受大損失、浪費。會為他人而失去金錢，必須避免替他人做保。如果太陽線在一開始就出現交叉，表示遇到困難的期間很長。如果在太陽線的中途出現交叉，表示是暫時的障礙。

◆出現島時（→Ⓒ）

為受到金錢打擊之相。依這個島所在位置的不同，受到金錢打擊的程度也不同。一般而言，如果出現於太陽線之始，表示年輕時有金錢上的問題。若島出現在線的尾端時，表示目前正為金錢傷透腦筋。

◆前端分岔為二時（→Ⓓ）

有才華，年輕時能得到發揮才華的機會，是很幸運的運勢。才能、財力、名聲兼具。但在太陽線之始出現交叉，表示晚年可能會喪失得來的名聲與財富。

◆前端分岔為三時（→Ⓔ）

努力型，即使現在沒有成就，但是能得到長輩的幫助，將來可以開運。若在太陽線上出現這般的三條支線，表示能克服經濟失敗的危機，得到大的財運。

出現在太陽線上的記號

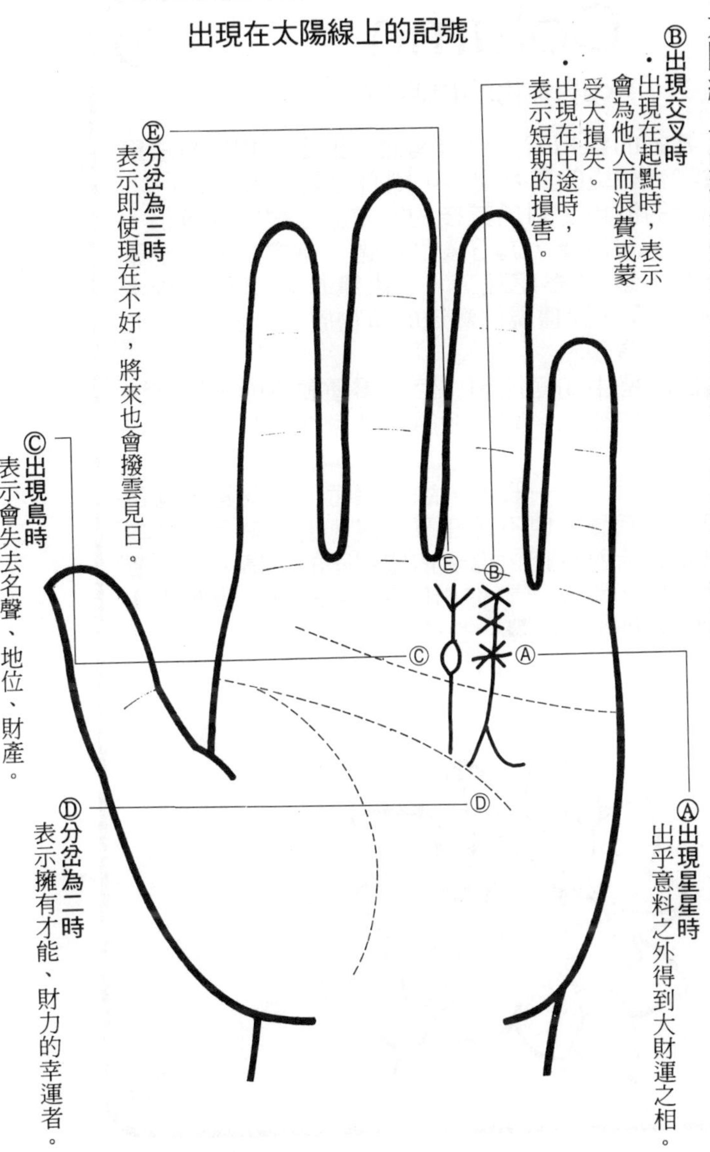

Ⓑ出現交叉時
・出現在起點時，表示會為他人而浪費或蒙受大損失。
・出現在中途時，表示短期的損害。
Ⓔ分岔為三時
表示即使現在不好，將來也會撥雲見日。
Ⓒ出現島時
表示會失去名聲、地位、財產。
Ⓓ分岔為二時
表示擁有才能、財力的幸運者。
Ⓐ出現星星時
出乎意料之外得到大財運之相。
Ⓔ
Ⓑ
Ⓒ
Ⓐ
Ⓓ

Column

「水野南北的修身錄」

江戶時代著名的觀相家「水野南北」鑑定人物的方法是「如果對於食物有嚴重的貪婪之心，則心也嚴重地貪婪」。

四十歲開始的飲食，對於其後的運會產生很大的變化。昔日認為四十二歲是厄年，為了安然度過，則食物療法是重大關鍵。米減為半量，「多吃蔬菜、水果無罪」，亦即減少米的攝取量，多吃蔬菜，這種現代潮流的食物療法，南北在 200 年前就已經大力提倡了。

人類的價值，是由如何控制「吃」這種動物的本能來決定的。南北有這樣的想法，對於金錢，亦存在一些有趣的敘述。

首先，不論是商人或一般人，想要錢時，先要考慮到錢的尊貴，即使是一毛錢，也不可任意浪費，這是南北的根本想法。自己把錢交給對方時，也要抱持相同的心情，一定要對錢懷有尊敬之心，默念「請你再回來」。這種心情非常的重要，有「請錢再回到我身邊」的意思。

第三章

由圖式基本五線觀察性格與適合的工作

利用手相進行圖測試

參考圖，依序檢查你的左手的特徵。按照指示，調查手的紋路與手指的特徵。最後所呈現的手的形態，就是掌握你的性格與適合的工作和財運的線索。

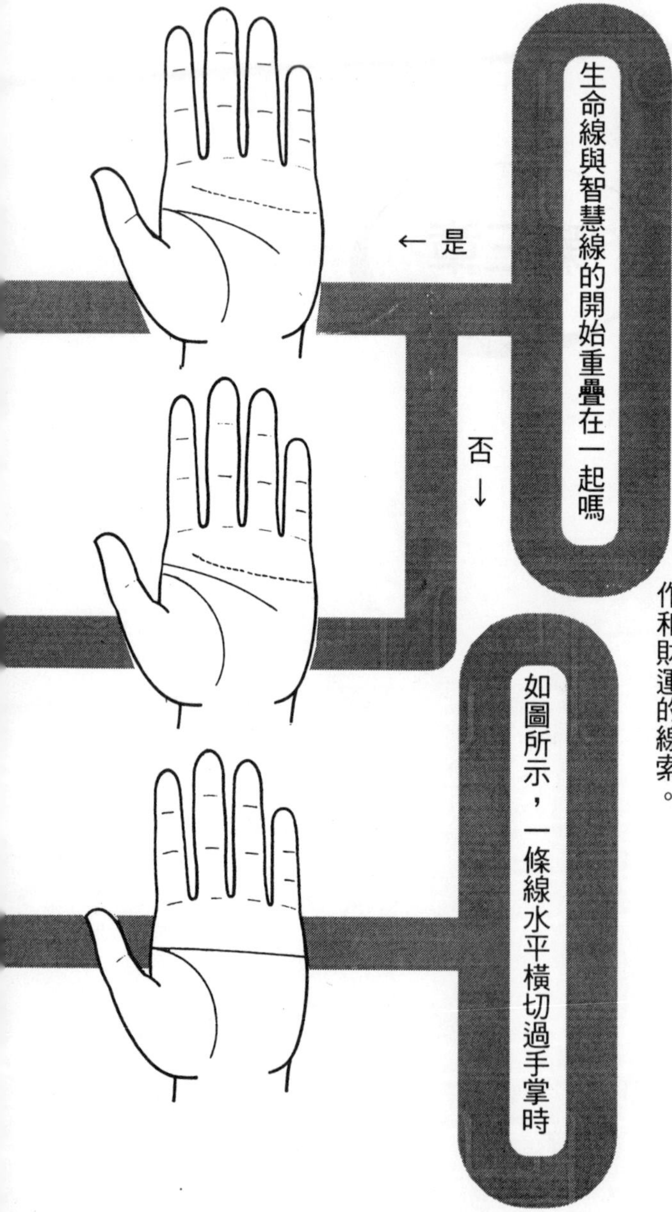

生命線與智慧線的開始重疊在一起嗎

← 是

否 ↓

如圖所示，一條線水平橫切過手掌時

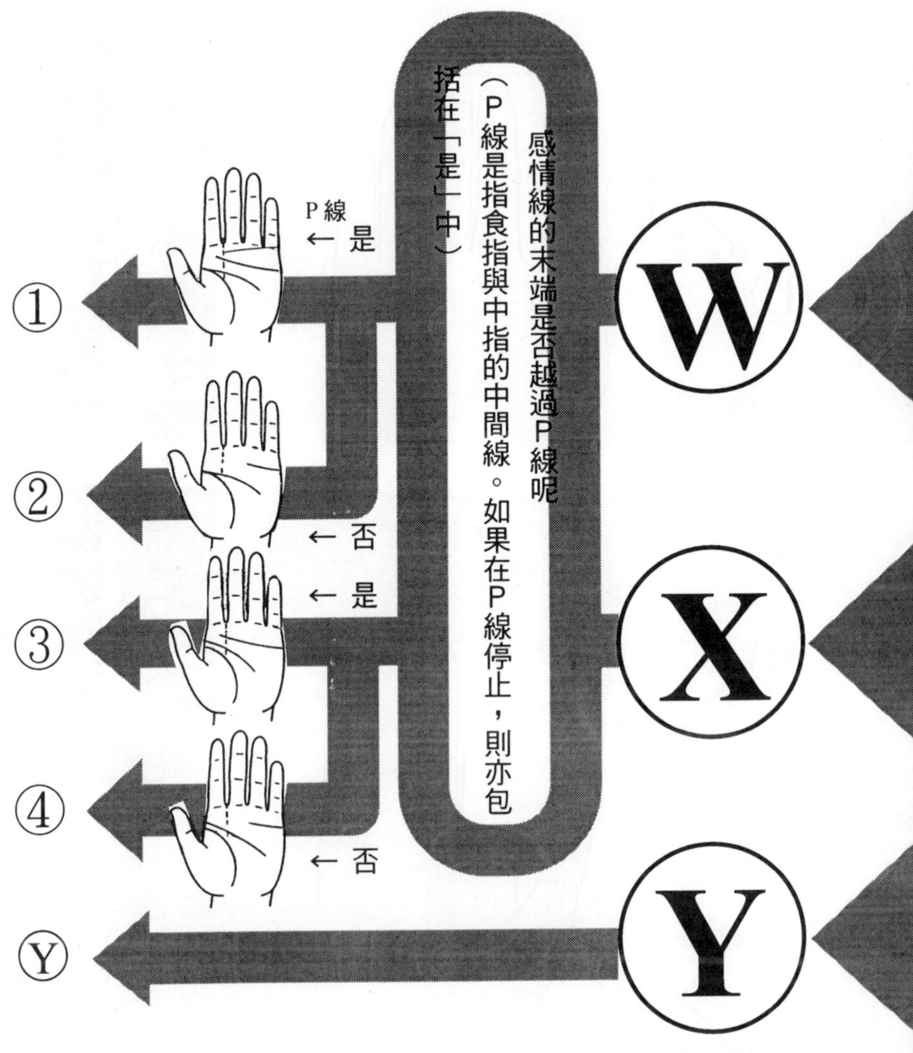
感情線的末端是否越過P線呢
（P線是指食指與中指的中間線。如果在P線停止，則亦包括在「是」中）
P線
← 是
← 否
← 是
← 否
①
②
③
④
Ⓨ
W
X
Y

檢查食指的長度
比無名指更長（同樣長度的人包括在「是」中）

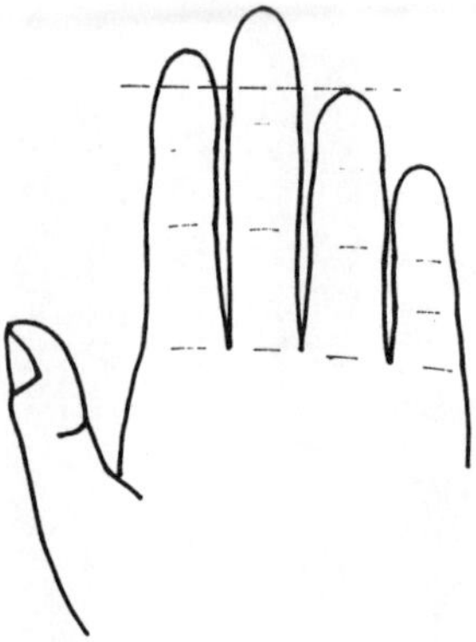

是

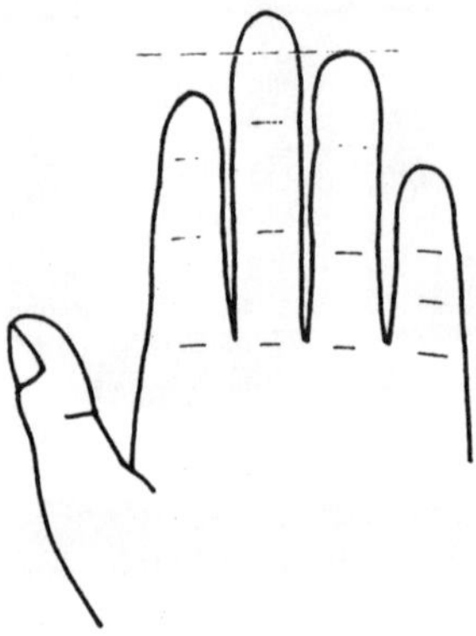

否

Ⓨ

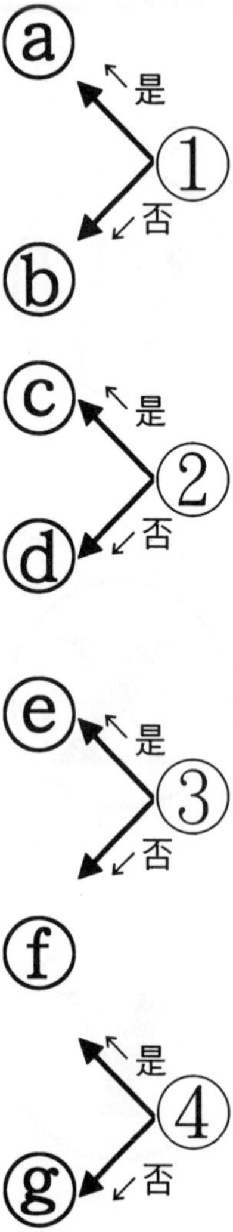

① 是→ⓐ 否→ⓑ

② 是→ⓒ 否→ⓓ

③ 是→ⓔ 否→ⓕ

④ 是→ 否→ⓖ

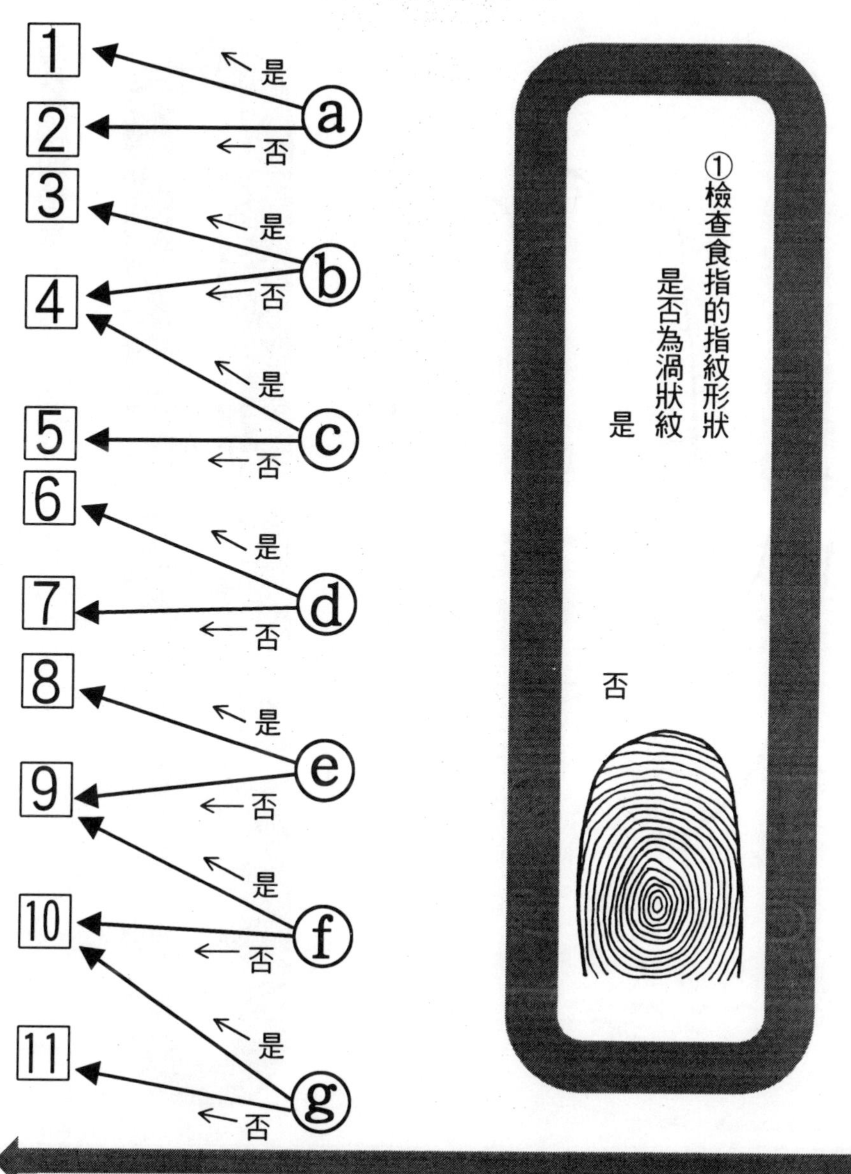
1
2
3
4
5
6
7
8
9
10
11
a
b
c
d
e
f
g
Y
是
否
①檢查食指的指紋形狀是否為渦狀紋

智慧線的檢查

智慧線的末端是否在O線的上方呢？

（O線是指感情線和手腕中間的線。停止在O線的人亦包含在「是」中）

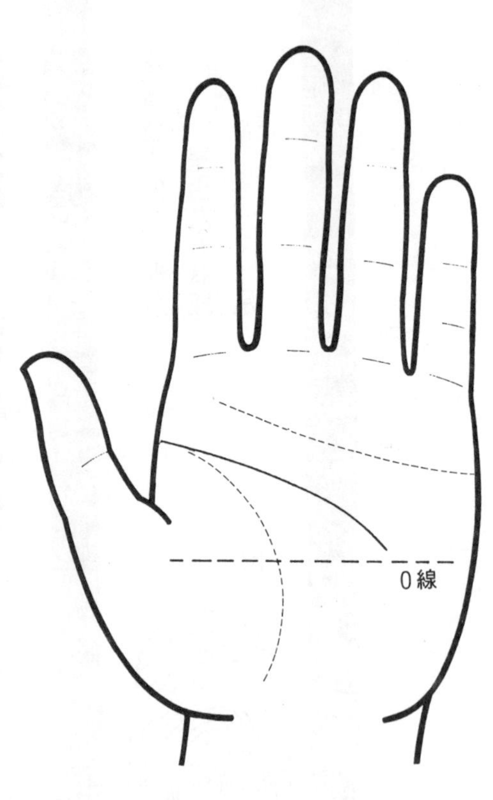

是↑
↓否

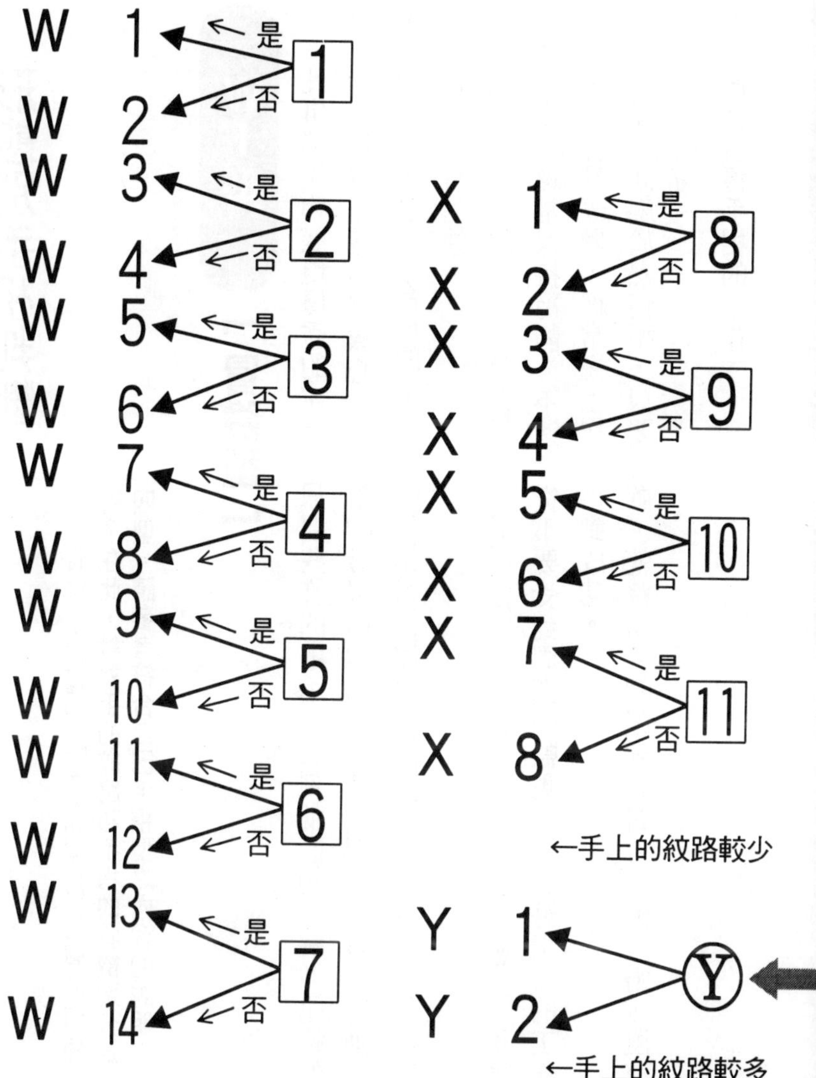
W 1
W 2
W 3
W 4
W 5
W 6
W 7
W 8
W 9
W 10
W 11
W 12
W 13
W 14
是
否
1
2
3
4
5
6
7
X 1
X 2
X 3
X 4
X 5
X 6
X 7
X 8
8
9
10
11
←手上的紋路較少
Y 1
Y 2
Y
←手上的紋路較多

形態別手相判斷

看94～99圖的結果，知道你是屬於何種形態嗎？在此，針對手的紋路和手指的特徵別分為二十四型。請參考符合自己手相型之內容的說明。

W-I型 「冒險型」

凡事都能夠展現優秀的才能。只要些許的啟示，立刻就能夠了解並迅速的展現行動。具有旺盛的冒險心，會不斷的發現興趣的對象，開朗、活潑、好動。但是愛說道理、厭惡不合理的事情。不斷追求自己所相信的事情，不受他人的影響，個性執著、有耐性。

能夠迅速判斷狀況，掌握核心，具有正確的判斷能力。也具有行動力、勇氣、個性乾脆，經常保持冷靜。不適合從事要受到周圍的監視、要詳聽指示的工作。同時，也容易改變，經常換工作而得到成功。

戀愛方面屬於熱情型，只要喜歡，就會執著的深愛著對方，但是婚後風流的危險度也很高。

★最適合這種手相的工作

雜誌記者、訪問者、主持人、導播、經營家。

★工作上的貴人

因為興趣或在高爾夫球俱樂部認識的對象。

★財運

除了本業以外，也可以在其他方面運用構想開拓財運。

W2型「好奇心旺盛型」

對於各種事物都感興趣，好奇心旺盛，特別嚮往美的事物，美感極佳，喜歡照顧他人，善於交際。朋友種類很多。但是不肯向人低頭或接受他人的命令。善於利用因緣的力量來完成事情。情緒多變，但是個性開朗、熱情。

你是屬於全能型的人，什麼事都做得很好，對文學、理科及其他方面都感興趣，可以發揮平均以上的實力。同時具備能夠活動身體與手指的才幹。

★最適合這種手相的工作

與音樂、繪畫有關的工作、電視製作人、出版關係事業等。

★工作上的貴人

學生時代的同學或學長、瘦子型的人。

★財運

副業多、可藉此賺到錢。

W3型「實務型」

精明幹練，得到周圍眾人的依賴。凡事講求正確性，厭惡半途而廢。個性活潑，身邊人能夠感染到你的活力而覺得快樂。體貼，會考慮旁人的心情與想法，因此和樂的氣氛瀰漫在你的四周。

具有實務能力，能夠在大公司或組織中展露才華。如果自己的工作能力未能充分發揮，就會懊惱不已。只要替自己敬愛的人工作，就能彌補這種遺憾。

在婚姻與戀愛方面，以自我為主，過於任性。雖然喜歡對方，卻無法表明本意，而往往因此遭到誤解。

★最適合這種手相的工作

律師、檢察官、公司經理業務。

★工作上的貴人

最好與對文學繪畫感興趣的人互相合作。

★財運

定存或儲蓄等，決定目標來存錢最為理想。

W4型「積極型」

關心各方面的事，有積極進取之心，不畏懼艱難，不斷開創新的範疇，綜合他人的意見做全盤的考量。不喜歡單獨做事，喜歡團體一起行動，具有好的靈感，喜歡打扮。

富於活力與行動，不服輸，有冒險心，能向未知的世界挑戰，厭惡半途而廢，偶爾會走極端。在工作方面的成功率很高，深得上下的信賴。一旦擁有特殊資格時，就更能夠增加發揮實力的機會。

戀愛方面比較消極，多半相親後結婚。婚姻生活穩定，但有時無法滿足。

擁有儲蓄、投資等的計畫性、極具賺錢才能。

★最適合這種手相的工作

速記者、雜誌記者、個別調查者、教育顧問、營養管理師等。

★工作上的貴人

公司的上司，來自實力者的信賴更好。

★財運

能夠獨立工作成功，掌握金運。

W5型「野心型」

頭腦運轉靈活。能夠以理論的方式掌握事物，對各種事物都抱持興趣，認為好的事物，會努力去實行。不論任何工作，都比他人活躍，因此深具自信。能夠依自己的步調行事，有時會與周遭的人發生衝突，卻不會因此而影響情緒。

這一型的人不喜歡依賴他人的生活方式，擁有自己的目標，喜歡依自己的想法選擇工作。因為是野心家，所以目標越大，就越有幹勁。

在戀愛方面比較羞怯，即使喜歡某人，也難以啟齒，因而喪失良緣。

★最適合這種手相的工作

教師、翻譯官、唱片製作人、場記等。

★工作上的貴人

學生時代的同學或運動社團的前輩。

★財運

發揮技術和特技就能夠擁有財運。不動產運較強。

W6型 「幻想型」

體貼他人，個性慎重。但是往往因為想得太多而自尋煩惱，無法下決斷而感到迷惘。幻想力豐富。有時雖然不願意，但是仍然勉強答應對方的要求，有點兒彆扭，情緒多變，是很難掌握的人。也許周邊的人會認為你是一個任性的人。

一般而言，能夠在運用幻想力的工作上發揮才能。如果遇有貴人，也會改變表現才能的方式。

怕寂寞、愛撒嬌，喜歡年長的異性。

戀愛上能夠保持冷靜，無法表現自己的想法，因此會受到對方的誤解。

★最適合這種手相的工作

設計師、作家、劇本家、翻譯家、插圖畫家、記者等。

★工作上的貴人

與自己年齡相同而具有行動力的人。

★財運

直覺佳、有賭運。

W7型「穩重型」

認真、穩重，不會製造紛爭，有時予人慢郎中的印象。但是經由進一步的交往，會發現你有滿腦子的思想，會若無其事的去做一些讓人迷惑的事。雖然個性敏感，但是不易為他人的意見所惑，會發現與第一印象完全不同。

是個胸懷大志的野心家，為了實現理想，燃燒熱情，不過，在人際關係上，予人冷漠的印象。這一型的人，感受性敏銳，想像力豐富，具有獨創性。

不善於談戀愛，往往是經由相親而結婚。一旦結婚後，會為子女而苦惱。

★最適合這種手相的工作

行員、公務員、兒童指導員、秘書、調查員、職業訓練指導員。

★工作上的貴人

具有行動力的運動員。

★財運

藉著穩定的情緒而得到金錢。

W8型 「體貼型」

體貼、會替他人著想。即使是他人不願意做的事，自己也會挺身而出。會側耳傾聽他人的敘述。好的建議，會欣然接受。缺乏主見，給予人溫遜、謹慎的印象。你不喜歡藝術性而喜歡技術等理科方面的東西。喜歡分析，在大家鬧哄哄的時候，自己也能獨自安靜思考。

在戀愛方面，會為對方犧牲奉獻，容易陷入單戀。富有同情心，由同情而變為愛情的例子很多。

★最適合這種手相的工作

廣告業、企畫、撰稿員、電視的CM製作、編輯業務等。

★工作上的貴人

富於行動力、冒險心、個性積極的前輩、同事。

★財運

不在意他人的評價、堅守自己的想法，才能夠獲利。

W9型 「實行型」

個性樂觀、爽朗，具有吸引他人的神奇魅力，任何人都能夠成為你的同志。具有行動力，能自行訂立計畫，付諸行動。好勝、不服輸，卻能夠利用笑容、爽朗的態度來遮掩這一切，不會傷人。感受性纖細，對於美的事物非常敏感，擁有時髦的感覺。

外向、好動。事務性的工作或平凡的工作無法滿足你的需求。喜歡交際應酬較多的工作或富於大變化的工作。戀愛方面雖然平凡，卻是務實。

★最適合這種手相的工作

教育顧問、電視或出版關係事業、導遊、空服員、演員。

★工作上的貴人

能得到許多的貴人。部屬往往是你的貴人。

★財運

踏實、為努力儲蓄型。

W10型「想像型」

個性穩重，看起來動作慢吞吞的，似乎不足以依賴，但是做事非常的踏實。重視對方的立場，不會獨斷獨行。能夠好好的把握自己的世界，只是表現得不十分積極。一旦沮喪，會長期陷入低潮的深淵中，甚至迷惘喪志。

感受性敏銳，追求美的事物，擁有美術和音樂方面的興趣。具有雙重個性。一方面開朗、浪漫，另一方面則是倔強、任性。想像力豐富，表現力佳。只要從事能夠發揮這種特質的職業，就能夠得到成功。

婚姻生活中，倦怠期很快就會來訪，因此，雙方要擁有共通的興趣。

★最適合這種手相的工作

設計師、美容顧問、飯店營業員、作詞家等。

★工作上的貴人

最好和年齡差距大、具有包容心的上司一起工作。

★財運

藉著收集、收藏的興趣掌握機會。

W11型 「努力型」

個性開朗，判斷力合乎邏輯，頭腦聰明，不拘泥於小節，不介意討厭或令自己痛苦的事。

對於各種事物都感興趣，追求知識，但是話太多，一副飽學之士的樣子，有時令人不屑。不過，因為個性開朗，能夠得到周圍眾人的原諒。

好奇心強，不斷追尋富於變化的新事物。頭腦靈活，彬彬有禮，努力踏實，不論做什麼事都可以得到成就。

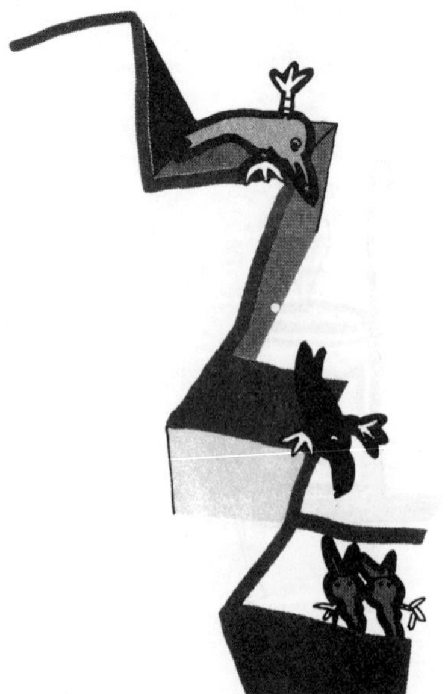

★最適合這種手相的工作

秘書、雜誌記者、撰稿員、服裝設計師。

★工作上的貴人

前輩或同鄉的人。

★財運

遇到困難時，反而能湧現鬥志，開拓財運。

W12型

「浪漫型」

浪漫，追求美的事物，具有美感。

個性內向，缺乏決斷力，遇有難題時，會憂心煩惱。會思考一些他人想不到的事情，具有很好的靈感力。

戀愛方面有單戀的傾向，喜歡追求精神戀愛，性能力較弱。婚姻對象最好選擇年齡差距不大者，中年以後比較穩定。

★最適合這種手相的工作

插圖畫家、卡通畫家、花朵設計師等。

★工作上的貴人

容易得到年長女性或親戚的幫助。

★財運

有時會因為想法錯誤而失敗，也不懂得賺錢，要節約。

W13型 「常識型」

凡事小心謹慎。不喜歡醒目或氣派的事情。會考慮周遭的情況來展現行動。但是因為情緒的表現不當，因此很難傳達給周遭的人了解，容易造成誤解。

充滿知識，個性圓滑，不易樹敵，深受大家的喜愛。意志薄弱，但是在金錢方面，擁有踏實的想法。

長期間持續一種工作，就能夠成功。重視最初的職業，最少三年不要更換工作。

★最適合這種手相的工作

音樂、電視等的製作人、企畫調查、室內裝潢、廚師等。

★工作上的貴人

與年齡差距較少的對象在一起，比較容易成長。

★財運

發揮設計方面的構想或新產品的構想為佳

W 14型「協調型」

開朗、穩重，具有均衡的個性。不喜歡紛爭，擅長交際。對於別人的請求，絕不說「ＮＯ」，是八面玲瓏的人。

戀愛或婚姻方面，多半接受第三者的意見。看起來是一位溫柔、體貼的人，但是在二十五歲以前，會嘗到一次失戀的苦果。

想像力豐富，具有藝術的天分，對於美的事物非常的敏感，是纖細的夢想家。喜歡幻想的世界。

★最適合這種手相的工作

各種設計、花道家、茶道家、美容師、電視演員等。

★工作上的貴人

政治家或具有政治手腕的人。

★財運

注意以往不曾做過的事情，就能夠開拓財運。

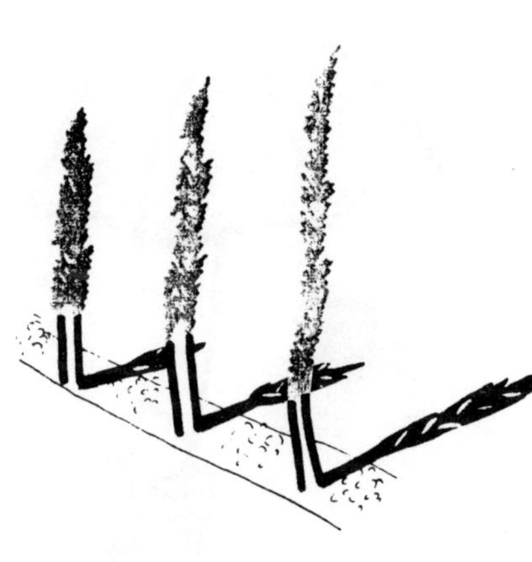

X1型 「犧牲奉獻型」

頭腦靈活，見識廣博，個性開朗，能言善道，得到眾人的喜愛、熱鬧的氣氛一直縈繞在你的身邊，不喜歡平凡無聊的事情。不斷的追求新事物，喜歡富於變化的事物，有些任性。

懂得照顧他人，能夠享受犧牲奉獻的喜悅。與他人積極相處，能夠帶給他人快樂，經常替他人著想。

★最適合這種手相的工作

政治家、宗教家、各種顧問、老師、導遊。

★工作上的貴人

至少要擁有足以信賴的五個部下。

★財運

掌握意外的情報，就能夠擁有財運。

X2型　「邏輯型」

擁有好的構想及快速的決斷力與行動力，能夠開拓自己的人生。意志極強，精力充沛。不論在任何方面，都比他人更為活躍，才能優越，興趣廣泛，感受性豐富，追求美的事物。

好惡的表現明顯，個性強烈，做事有耐心，經常都是居於領導地位，很多天才型的人就是屬於這一型的人。能以邏輯的方式思考事物，頭腦清晰。

★適合這種手相的工作

物理、化學、數學等理科範疇的學問、經營顧問、電影導演、商店經營者等。

★工作上的貴人

年紀較小或同年齡富於行動力的人。

★財運

有大出大入的時候，財運變化激烈。

X3型

「努力型」

擁有向各種事物挑戰的鬥志，行動積極。並不是會以靈感來一決勝負的人。會利用耐性與努力來得到成就。至少是與大失敗無緣的人。

開朗，懂得與他人相處之道，得到周遭眾人的喜愛，貴人無數。

凡事會全力以赴。這一型的人會朝自己喜歡的道路或感興趣的事情邁進。最好選擇能夠發揮鬥志與爽朗個性的工作。

★最適合這種手相的工作

營業員、電視主持人、翻譯官、汽車銷售員、服務業等。

★工作上的貴人

經由運動而認識的人。

★財運

非常踏實，會為了賺一百元而投資千元。

X4型　「天真爛漫型」

天真爛漫，不拘小節。能很快的與初次見面的人建立良好的關係，有如故交一般。社交性豐富，朋友無數。

但是厭惡被束縛，想要擺脫形式或傳統。會因為遵守約定而感到痛苦，然而開朗卻是他的魅力。

喜歡熱鬧的氣息，活潑好動，喜歡無拘無束，追求自由的喜悅。在工作方面，對於自己能夠自由從事的工作感興趣。

★最適合這種手相的工作

證券關係事業、汽車關係事業、服務業、舞蹈老師、事務長等。

★工作上的貴人

藉著具有同型手相的人而開拓事業運。

★財運

金錢出入較多的一型。

X5型「行動型」

有活力與行動力，厭惡一成不變。喜歡尋求變化，熱中於某件事物。是理論家，喜歡講道理，凡事講求正確性。很難欣然接受美的事物，這也許是因為害羞所致吧！好惡之心表現於外，但是喜歡照顧他人，懂得與他人相處。

凡事訂立計畫，著實進行。具有積極心，不服輸。不喜歡接受他人的命令，但並不是個人主義，個性乾脆，人際關係良好。適合從事與人接觸機會較多的工作。具有良好的分析力與判斷力，可運用在工作上。

★最適合這種手相的工作

政治家、實業家等。程式設計師、飛行員。

★工作上的貴人

藉著心細的協助者能夠開拓事業運。

★財運

有經常為他人而花錢的傾向，要避免浪費。

X6型　「社交型」

辦事能力強，不會以此為傲，深受周遭眾人的喜愛。溫柔待人，不傷他人的心。不易樹敵，擁有同志。開朗、穩重，能夠營造和樂的氣氛。

懂得與人相處之道，人緣佳，是一位八面玲瓏的人。在必須共同合作進行大事情時，就能夠運用你的社交性。具有經營者的才能，發揮經驗，得到自立。

★最適合這種手相的工作

推銷員、飯店或餐廳的經理等。

★工作上的貴人

與自己的性格完全相反的對象。

★財運

能夠利用營業的利潤掌握大財運。

「活動型」

具有行動力，好勝、不服輸，但卻有充分了解對方的心情來展現行動的心靈餘地。不會為小事而苦惱，能夠利用團體的力量來成就大事業。

喜歡尋求變化，理想較高，與各種不同的人士接觸，活潑好動，能夠發揮自己的才能和個性。

多半是戀愛結婚，熱情、倔強。戀愛時如果不考慮對方的個性，容易發生糾葛。

★最適合這種手相的工作

記者、檢察官、民意代表。

★工作上的貴人

瘦而個性穩重的人。

★財運

具有商品交易、股票等方面的才能。

X 8 型　「分析型」

忍耐力強，富於責任感，能夠如期完成計畫的工作。實行計畫時，能夠冷靜地分析狀況，避免出現障礙。是一位值得依賴的人。

不懂得交際，也不喜歡熱鬧，喜歡靜靜的獨處。但是直覺力強，能夠掌握他人的想法，是非常敏感的人。

能夠詳細的分析事物，做理論性的判斷。發揮才能，不斷的努力研究，就能夠嶄露頭角。

★最適合這種手相的工作

教師、調查員、電腦關係企業、大眾傳播等。

★工作上的貴人

容易得到親戚或朋友的提拔。

★財運

避免一成不變，就能夠提升財運。

Y1型「獨創型」

能夠發揮自己獨特的能力，你的可能性，就好像堆滿寶石的聚寶盆一樣。

具有敏銳的美感，擁有不拘泥於常識的獨特思想，令旁人佩服。會積極的吸收新事物，大膽、有耐性、執著心強。不會依賴他人，也不會被他人所依賴。能夠開朗的生活，遵守自己的原則。

想像力豐富，周圍的人有時對你不甚了解。具有美感，在各領域中都能夠應用你獨特的思想。這一型的人要找結婚對象很辛苦。

★最適合這手相的工作

建築開發、設計師、醫師等。

★工作上的貴人

不斷更換協助者，能夠提升成功運。

★財運

利用技術與構想能夠提升財運。

Y2型「個性型」

神經質，對他人的好惡非常偏激，有時不易熟睡，情緒混亂。擁有藝術感與美感，具有歌唱與藝術的才能，能夠在演藝界大放異彩。

這種手相容易遺傳，如果是雙胞胎，很可能擁有相同的手相。身體容易疲倦，呼吸器官系統功能較弱。

容易陷入熱戀，但是結婚不易。這一型的人往往讓機會逃脫。

擁有財運、賭運。個性較強的人，擁有優秀的藝術想法及構想，不適合當一名上班族。

★最適合這種手相的工作

插圖畫家、理容師、畫家等。

★工作上的貴人

異性而且是有個性的人。

★財運

利用賭博等能夠得到超乎想像的幸運。

Column

中世紀的預言者＝諾斯特拉達姆斯

諾斯特拉達姆斯在 1503 年出生於法國阿比隆附近的桑雷米鎮。父親是猶太醫師，也是著名的人物。諾斯特拉達姆斯的真名是米希爾・德・諾特爾達姆(MICHEL DE NOTREDAME)。

米希爾在阿比隆學習法律，後來為了學習而進入蒙貝里大學。個性勤奮、優秀，在當時就已經備受注目。成為醫師後，展現卓越的才能，陸續治療當時在法國南部流行的黑死病患者。雖然只是初出茅蘆的青年醫師，但是經他治療的患者，全都奇蹟式的復原了。

利用手相，研究特別的治療，所進行的則是非屬正當療法的咒術治療。以此方法在德國各地解救了無數的黑死病患者。這個咒術民間療法，係由祖父皮耶爾所傳授下來的。皮耶爾教給他猶太人自古傳承下來的神奇咒術「卡巴拉」。

諾斯特拉達姆斯獨自在歐洲各地流浪了 8 年，後來研究在義大利各地流傳的占卜。1544 年回到法國，發表了花了 10 年的歲月所完成的「諾斯特拉達姆斯的數世紀預言集」，他預言從 16 世紀到 1000 年以後的世界的變化。

第四章

觀察十大重點

CHECK 1 木星丘

木星「丘彼特」掌管光榮與支配。也表示想與精神性。由此丘的大小及丘上的訊息來掌幸運的方向。

知道出世、成功關鍵的「木星丘」

◆檢查木星丘發展的情況

這個丘越是發達，表示寬大、具有包容力、擁有向上心，是一位努力家。能夠得到崇高的地位與名譽，過著滿足的社會生活。充滿自信，具有優秀的指導力，在財政界活躍的人士多屬這一型。過度發達，自信過剩而變任性，看輕他人、虛榮心，喜歡運用手段。相反的，發展不足的話，就欠缺自尊心，意志薄弱、缺乏慾望，在工作上不容易成功。

◆始於木星丘的智慧線（→Ⓐ）

罕見的一型，雖是野心家，但是想像力豐富，非常浪漫，要花較長的時間，才能夠適應團體生活。易遭旁人的誤解，本性不易為他人所了解，因此容易樹敵。著名的手相家基洛，就是這一型的人。能夠運用與他人不同的方法建立地位、名聲，就能夠開拓好運。

◆有數條向上線

從生命線朝木星丘延伸的向上線（→Ⓑ），雖然有些厄運，但是能夠掌握扭轉乾坤的良機。如果出現一、兩條，象徵強運；如果出現數條稀疏的紋路，表示興趣分散，無法耐心地一直從事一件事情而得到成功。此外，如果進入食指中（→Ⓒ），表示不服輸，支配慾強，易遭他人反感而失敗。

從木星丘伸出的線

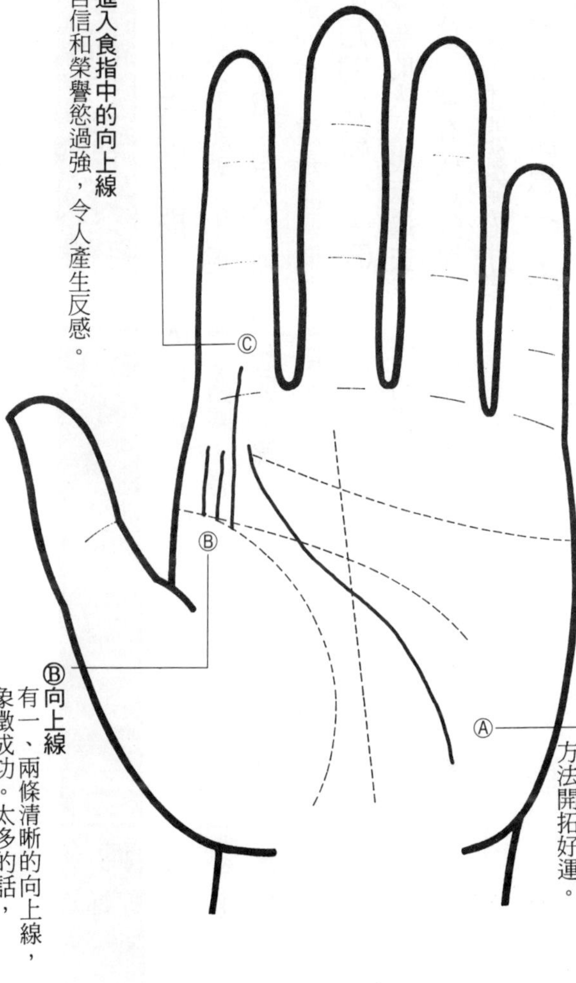

Ⓒ進入食指中的向上線
自信和榮譽慾過強，令人產生反感。

Ⓑ向上線
有一、兩條清晰的向上線，象徵成功。太多的話，表示興趣分散。

Ⓐ始於木星丘的智慧線
能夠利用與他人不同的方法開拓好運。

出現在木星丘的特殊訊息

◆出現圓形時為開運期（→Ⓐ）

圓形是罕見的記號。出現這個紋路時，表示會有意想不到的上升運到來。或完全相反，可能會出現大的障礙。想要了解這一點，需要調查命運線，看看是否清楚。一般而言，這是開運期的象徵。

◆食指下方的條紋（→Ⓑ）

有這條線的人，表示過去三年內的努力已出現訊息。因為過去的努力而能夠得到好的報償。雖有些許的坎坷，但是終究會朝好的方向發展。不過，一定要重視以前的朋友，才能夠開拓好運。

◆交叉是障礙的訊息（→Ⓒ）

凡事都難以掌握，會遇到障礙。即使努力也難以開花結果。雖然是為對方著想，但是可能會被對方嫌棄或突然遇上麻煩。不過，一旦運勢好轉時，這個訊息就會消失了。

◆雙重所羅門環（→Ⓓ）

這個丘上的所羅門環，前面已經介紹過了。如圖Ⓓ所示，如果出現兩條線，就是所羅門環。這是象徵大幸運。雖有些失敗或阻礙，但是當此紋路出現時，表示運勢絕對會好轉。是能夠逢凶化吉的訊息。

◆島是喪失自信的訊息（→Ⓔ）

島不論出現在手相的任何一處，都是障礙的記號。尤其是出現在木星丘上的島，會使人喪失自信或野心，因此會曝露個人的弱點。

出現在木星丘上的特殊記號

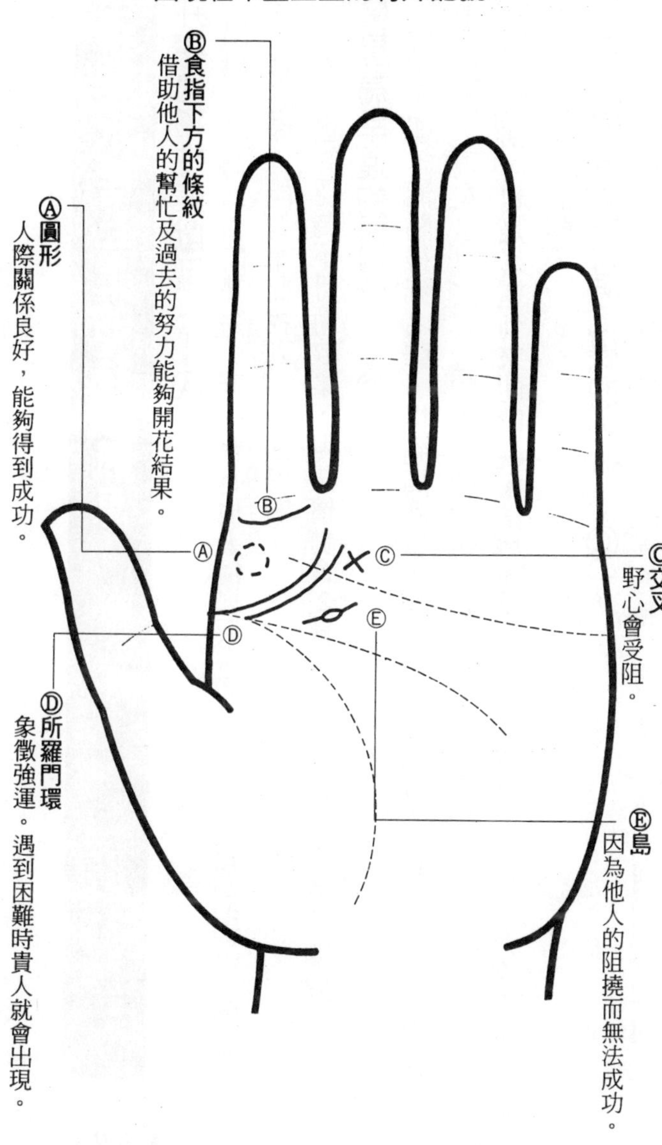

出現在木星丘上的特殊訊息

◆井字為犧牲奉獻型（→Ⓐ）

出現在這個丘上的井字，表示會為他人犧牲奉獻。當社公人員照顧老人或教外國人國語等，能夠藉此找到生存的意義。

此外，也許認為不行而放棄，但是情勢會急轉直下，是掌握大運的關鍵。

◆星星為幸運的訊息（→Ⓑ）

表示幸運，能夠得到名聲，得到周圍眾人的信賴，為前進的機會。長年計畫的工作構想，現在是付諸實行的大好時機，能得到意想不到的成功。此外，在戀愛或婚姻方面，也是好運到來的時候。一些戀愛問題，像是遭父母反對等，現在問題都能夠迎刃而解。

◆格子出現時表示是忙碌的人（→Ⓒ）

野心和權力慾太強，無法深思，進行有勇無謀的計畫，各方面都想要參與，卻不知道自己的目標，每天忙碌過日，因此喪失自信，可能因而意外樹敵。

◆三角表示貴人出現（→Ⓓ）

社交性具有政治手腕的人，能夠得到協助者。如果遇到能夠認同你的才幹的人，就能夠得到大成功。

◆出現神秘十字表示具有靈感的人（→Ⓔ）

在這個丘上出現神秘的十字時，表示能夠藉著神秘的靈感而在工作或名聲上得到成就。炒股票、會賺大錢，或是一躍成名。

出現在木星丘上的訊息

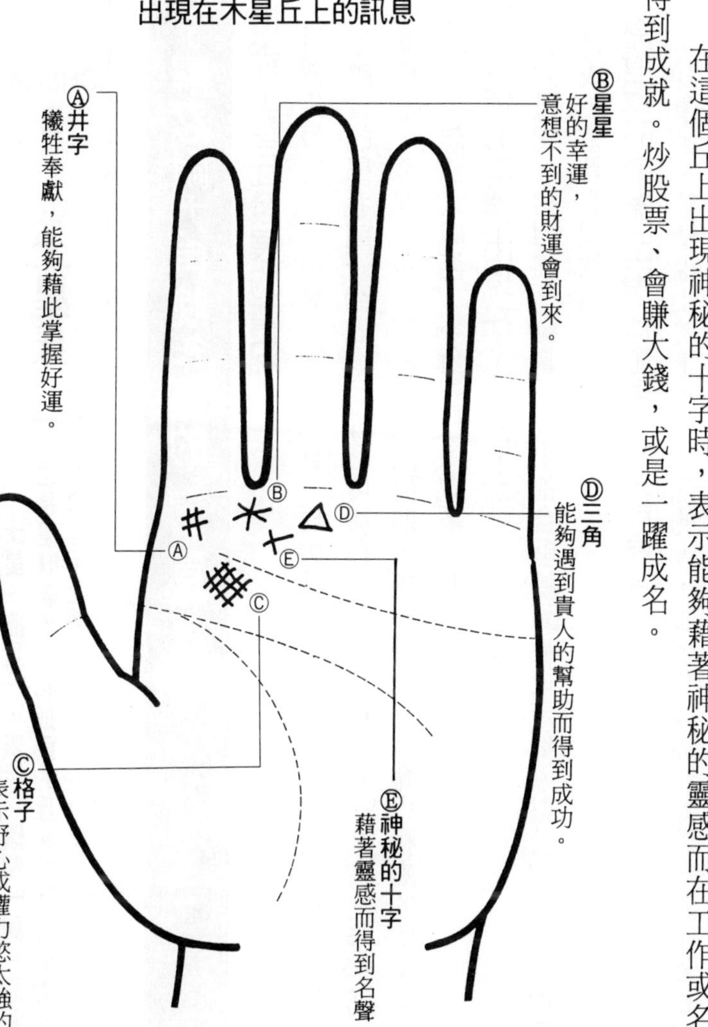

Ⓐ井字
犧牲奉獻，能夠藉此掌握好運。
Ⓑ星星
好的幸運，
意想不到的財運會到來。
Ⓒ格子
表示野心或權力慾太強的人。
Ⓓ三角
能夠遇到貴人的幫助而得到成功。
Ⓔ神秘的十字
藉著靈感而得到名聲。
Ⓐ
Ⓑ
Ⓒ
Ⓓ
Ⓔ

CHECK 2

土星丘

土星「撒旦」，表示「限制」與「忍耐」。也是意味著思慮和孤獨的丘。藉此丘能夠掌握個人的晚年運勢。

了解忍耐力與晚年運的「土星丘」

◆檢查土星丘發展的情況

這個丘發達，表示是嚴謹、誠實、思慮深沈的人。沈默寡言，但是充滿責任感，是踏實的學者或研究者。此丘過度發達，表示性格陰暗、憂鬱、多勞苦。在人際關係上，考慮太多，無法順利的發展人際關係。予人難以相處的印象。發展不足的人，想法太膚淺，不負責任，做事沒有計畫。

◆感情線的前端出現在土星丘上部時（→Ⓐ）

喜愛孤獨、耐力強、認真，凡事都會堅持到最後一刻。對於神秘的事物感興趣，會成為宗教家或教祖。

◆感情線的前端出現在土星丘下部時（→Ⓑ）

如Ⓑ所示，感情線止於土星丘下部的人，表示難以控制性慾，為了滿足自己的慾求，不擇手段。這一型的人往往會展現怪異的行動，顯示性格的異常。像是基洛在書中所介紹的，某位醫師也是殺人狂的男性的感情線，就是屬於這一型。對於平凡無法滿足，具有雙重性格。如果這種感情線如Ⓒ所示，在土星丘上出現半月形的環「土星環」，則表示異常性更高。此外，智慧線太短或變形時，則表示無法壓抑異常行動。

在土星丘上的線

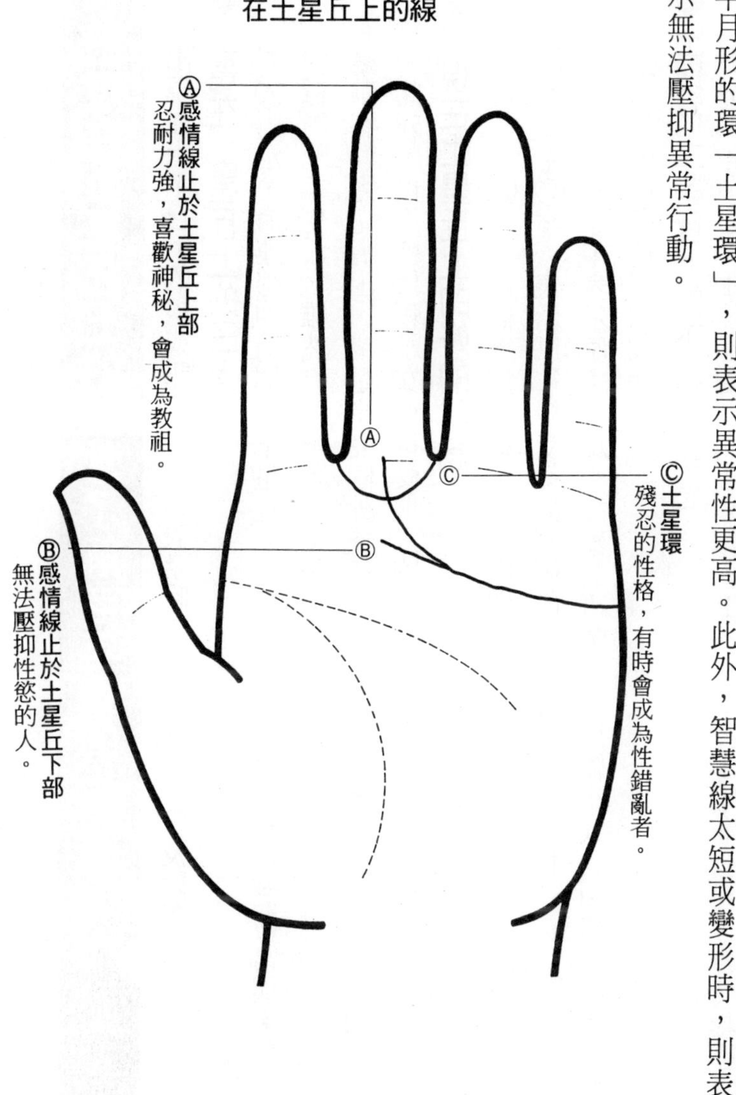

出現在土星丘上的訊息了解老年後的生活

出現在土星丘上的線或訊息，能夠表示晚年的幸福或辛苦及障礙。

◆出現在土星丘上的三叉

如Ⓐ所示，命運線的前端在土星丘上分岔為三，表示能夠得到財富與名聲，擁有安穩的晚年生活。雖然有些辛苦，但是最後能夠得到幸運，運勢極強。能夠搭乘豪華客輪遨遊海上，或是享受國外旅行之樂，能夠過著自己意想不到的美好晚年。此外，也不會依賴子女或接受他人的幫助。

◆出現在土星丘上的好的訊息

三角（→Ⓑ），偶然參加宴會，使人際關係產生大變化，藉此掌握好運。

圓形（→Ⓒ），表示以往接受你的照顧的人，晚年會幫助你。

井字（→Ⓓ），表示原本已經半放棄的事業，可以縮小或利用新的構想而製造暢銷商品，避免破產的危機。

◆出現在土星丘上的不好的訊息

朝向土星丘呈一直線延伸的命運線（→Ⓗ），表示具有強運，但是如果過長而進入中指中，則表示晚年悲哀。雖然生活充實，快樂的度過每一天，但可能會因為子女或孫子的問題而帶來災厄。

島（→Ⓔ）的出現，表示晚年可能會發生一些事情或疾病。交叉（→Ⓕ）表示大的意外事故或災難。格子（→Ⓖ）因為虛榮心強，而晚年會遭遇大災厄。

出現在土星丘上的訊息

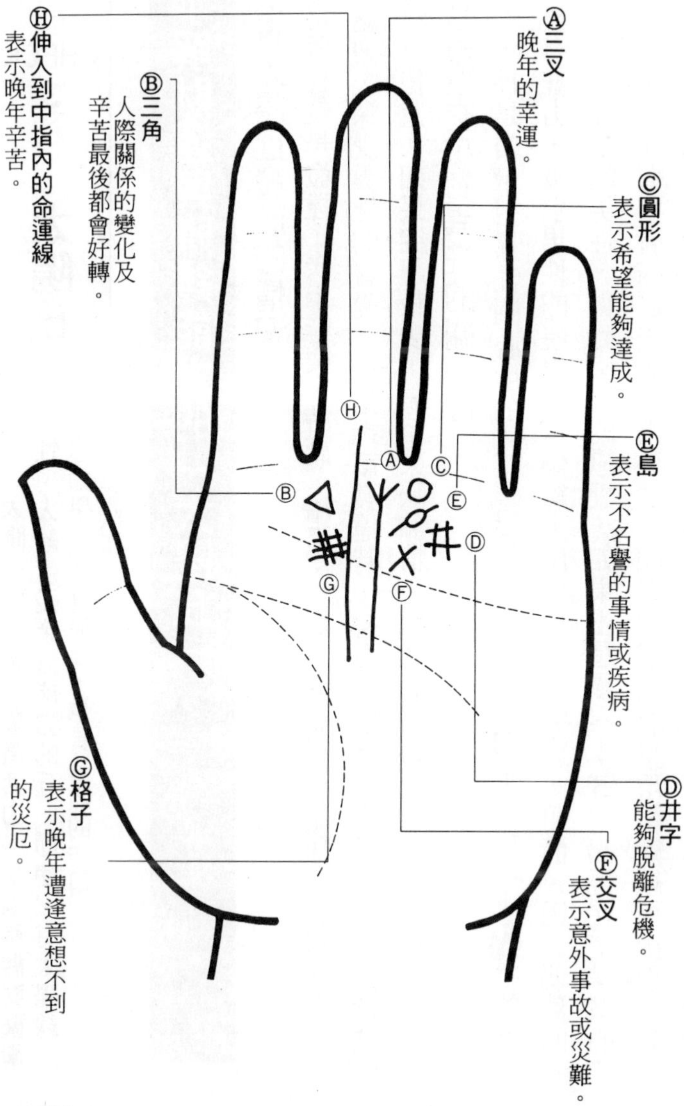

CHECK 3 太陽丘

太陽「阿波羅」象徵活力。是能夠觀察藝術性、人緣度及金錢能力的丘。即使沒有太陽線，但如果這個丘發達，也具有線的作用。

了解財運與賺錢能力的「太陽丘」

◆檢查太陽丘發展的情況

這個丘越是發達，表示音樂、詩詞、繪畫、文學等藝術修養極佳。充滿活力，具有魅力，深受異性的喜愛。但是過度發達時，會變得奢侈、虛榮心強，因此造成經濟不穩定。如果突起較少，表示欠缺熱情，自我表現力不足。

◆金星環表示對異性的關心度

太陽丘是表示對異性關心度的丘，這裡有形狀很好的金星環（→Ⓐ）的女性，具有魅力，吸引男性的視線。這個線上出現魚（→Ⓔ），可能會因為偶然的巧合而邂逅理想的男性，得到幸福的戀愛。如果土星環（→Ⓑ）出現在金星環的上方，表示可能會與有婦之夫發生婚外情。如果像Ⓑ的金星環斷斷續續出現，表示熱情、喜歡異性、奉承，會反覆談戀愛。但是過度時就會招惹麻煩。較長的婚姻線（→Ⓓ）和這個金環交錯時，表示會出現戲劇性的熱戀或婚姻。

◆金星環的人具有藝術的美感

金星環象徵感受性及藝術的才能。眼、耳的感覺敏銳，是指揮家、演奏者必須具備的線。一些在繪畫或書法方面具有職業水準的演員，也會出現這種線。

出現在太陽丘上的線

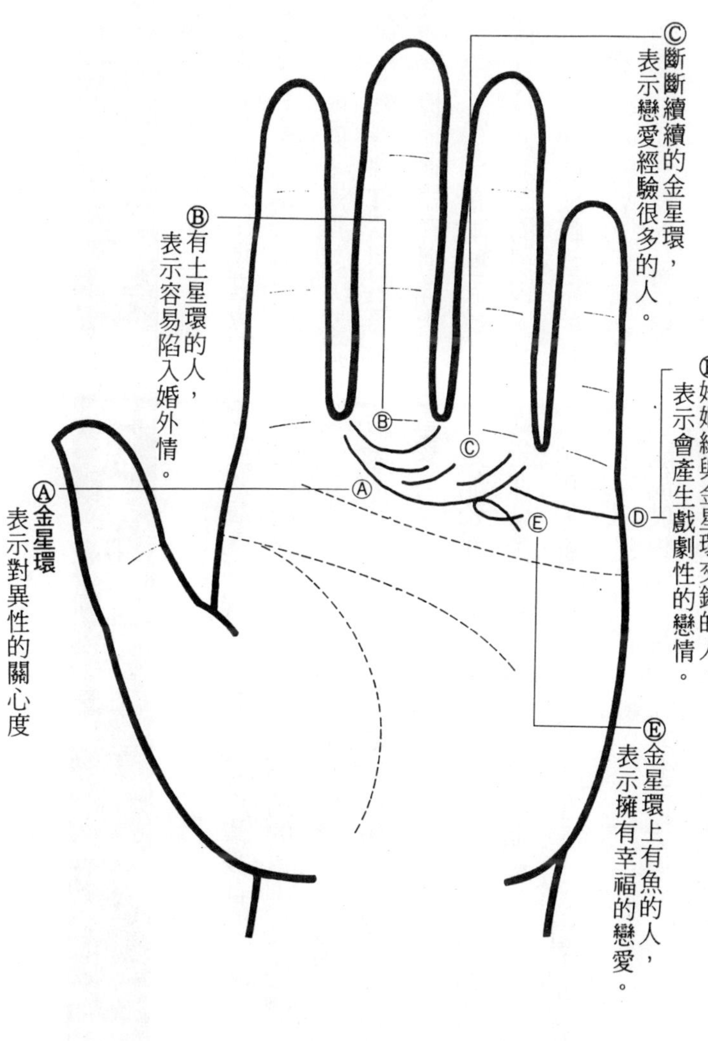

利用出現在太陽丘上的訊息檢查財運

◆財運的好訊息

出現在太陽丘和出現在太陽線上的訊息，同樣是判斷金錢的重要訊息。

星星（↓Ⓐ）表示事業失敗，一旦破產之後，出現意想不到的貴人，因為炒股票或不動產而東山再起，掌握好運。如果星星沿著一條清晰的長太陽線而出現時，表示能夠得到財富與名譽。三角（↓Ⓑ）表示努力不斷的工作，就能夠掌握好的機會。機會運用在財運上也很重要。

井字（↓Ⓒ）有兩種意義。其一是能夠在事前迴避工作上的災難，遇到災難時，也只是最低限度的損害。其二則是在藝術方面的成功，或為演藝界人士，受人歡迎。在金錢面比較輕率的藝術家，可能會被利用而受騙。但是出現這個訊息時，就能夠逢凶化吉。

格子（↓Ⓓ）表示具有特殊的才能或構想，得到意想不到的大財富。

圓形（↓Ⓔ）罕見的訊息，能得到社會地位與聲望及幸運，過著富裕生活。

◆金錢運的不好的訊息

交叉（↓Ⓖ）出現在太陽線上的同時，表示暫時損失金錢，可能因為賭博或從事投資而失去金錢，因此，要有堅強的意志，避免誘惑。

出現在太陽丘上的訊息

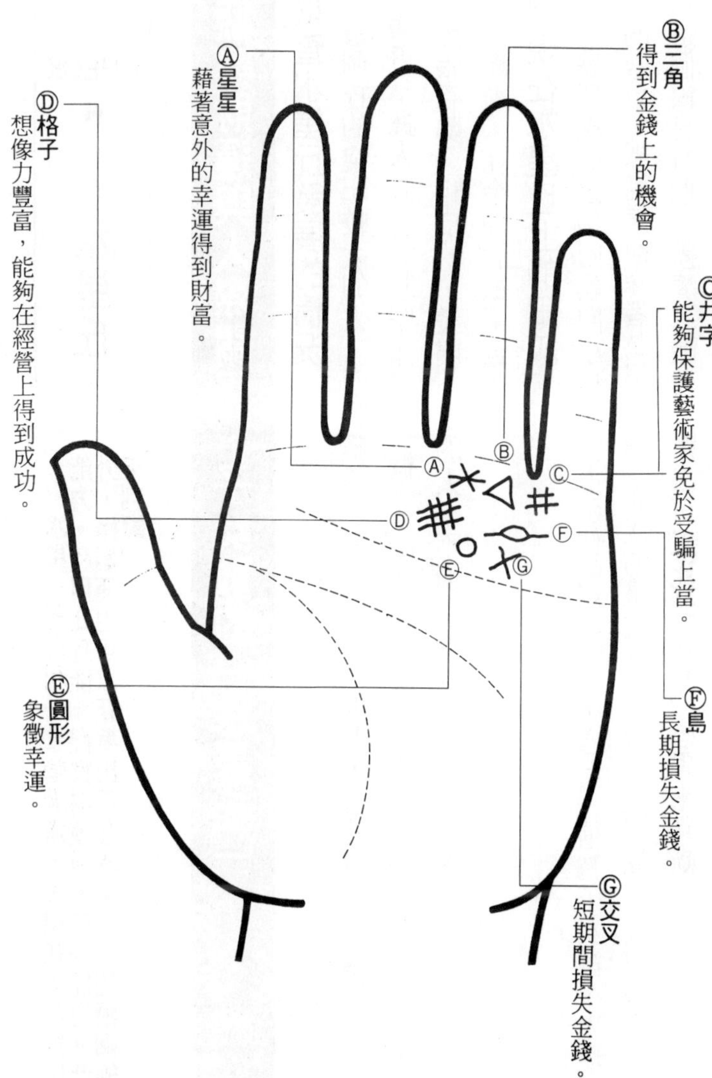

Ⓐ星星
藉著意外的幸運得到財富。
Ⓑ三角
得到金錢上的機會。
Ⓒ井字
能夠保護藝術家免於受騙上當。
Ⓓ格子
想像力豐富，能夠在經營上得到成功。
Ⓔ圓形
象徵幸運。
Ⓕ島
長期損失金錢。
Ⓖ交叉
短期間損失金錢。
Ⓐ
Ⓑ
Ⓒ
Ⓓ
Ⓔ
Ⓕ
Ⓖ

島（→Ⓕ）會長期出現金錢上的煩惱，約為兩年。一定要好好的管理金錢。

CHECK 4 水星丘

水星「墨丘利」掌管溝通，表現知識及表現能力。利用此丘能夠觀察財運與經商的能力。此外，婚姻運也可以藉著出現在水星丘上的婚姻線來判斷。

觀察財運與人際關係、子女數的「水星丘」

◆檢查水星丘發展的情況

這個丘的突起較大的人，頭腦靈活，富於自我表現力，善於辯論。富於社交性，懂得掌握人心。具有商才與經濟概念，因此懂得賺錢之道。丘過於發達的話，喜歡虛張聲勢。相反的，發展不足的人，不懂得表現，口才差，人際關係不良。缺乏決斷力，在金錢面很辛苦。

◆出現在水星丘上的細紋

在感情線的起始處朝向小指側往上延伸的條紋（→Ⓐ），稱為子女線，表現子女的數目。線條長而深者為男孩，短而淡的是女孩。上下支線較多，表現多產。但是這個線具有個人差異，較難判斷。可以比較左右的感覺來判斷。

在感情線上擁有清晰的幾條直條紋（→Ⓑ），稱為醫療線，醫生、護士等與醫療有關的職業的人的手上會出現這種線。有這種線時，也表示會因投機事業而得到成功。出現在小指根部的數條斜紋（→Ⓒ），表示牙周病等牙齒的疾病。出現在無名指根部的數條紋路（→Ⓓ），表示足腰較弱。如果條紋中出現島，表示腳可能會受傷，需要注意。如果出現在右手，表示左腳，出現在左手，表示右腳的傷害。

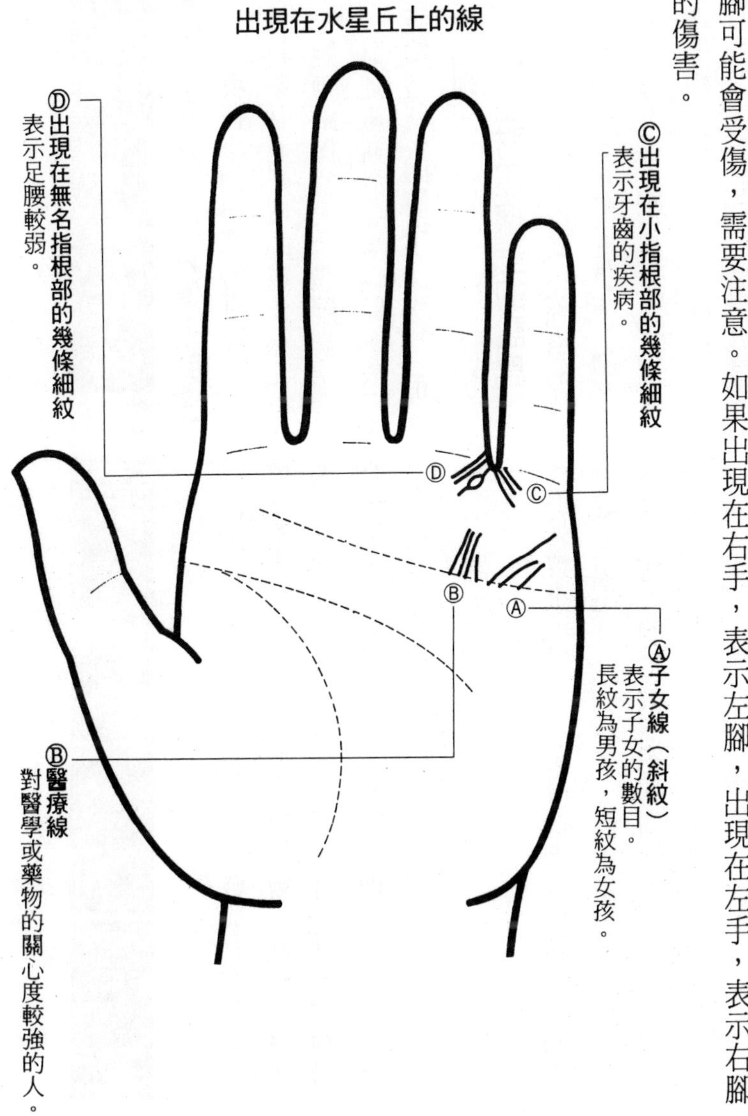

出現在水星丘上的線與訊息

◆財運線表示金錢運或財運

出現在小指根部的直線（↓Ⓐ），稱為財運線，表示將來是否會成為有錢人，或是判斷財運好壞的重要線。有這種線的人，能夠迅速的掌握機會，擁有商業才華，能夠讓機會與金錢確實結合。長而直的線，表示收入穩定，財產確實能夠增加。財運線碰到太陽線時，表示能夠因為構想而賺大錢。同時，做一些人氣生意也能夠獲利。即使現在沒有出現這條線，但是隨著年齡的增長，有了經濟力以後，也會出現。

◆出現在財運線上的訊息

像①的井字，表示經濟的障礙，但是會出現貴人，使得損失減少到最低的限度，②的島，表示會喪失不動產等，受到大損害。③的格子，表示事業擴大過度，資金周轉不靈。④的障礙線橫切時，會因為他人的阻礙而遭遇到很大的金錢打擊。⑤斷斷續續的財運線，缺乏耐心，無法從商，無法得到金錢運。

◆出現在水星丘上的訊息

Ⓑ的圓形，具有表現力，社交運、研究心旺盛的人。Ⓓ的星星表示在科學或辯才方面得到成功。Ⓒ的三角有兩種意義，一是很會賺錢，另一個意義則表示暫

時的情愛。Ⓕ的格子表示多情，在性方面比較開放，容易受騙。Ⓖ的島與Ⓗ的交叉，表示財政上的損失。出現Ⓔ的井字時，能夠解救失去財產的危機。

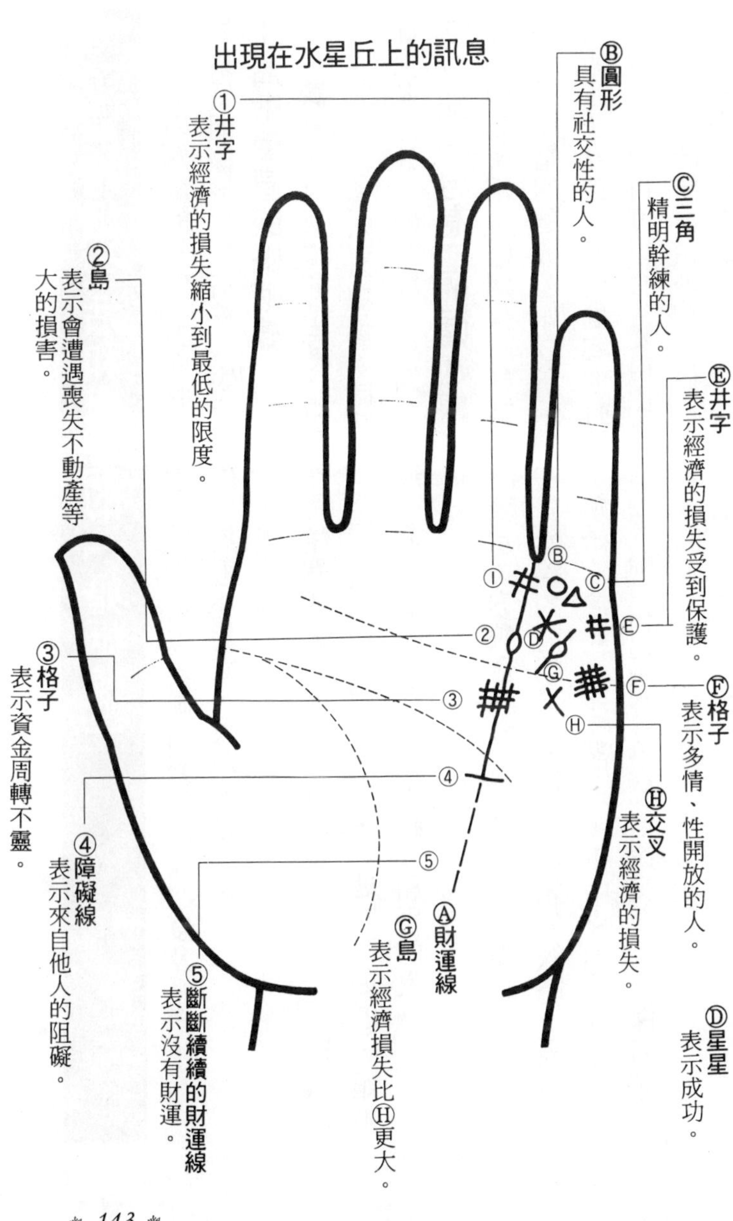

了解婚姻生活和戀愛的「婚姻線」

從婚姻線的長度、方向等線上的訊息，可以判斷對異性的關心度及婚姻生活。

如果婚姻線接近感情線，表示早婚，接近小指處，表示晚婚。

1 清晰筆直的婚姻線

誠實、具有溫和情愛、得到幸福婚姻的人。如果筆直的線能夠到達太陽線處（→Ⓐ），表示有地位，同時能夠與有錢人結婚，是「金鑾運」。如Ⓑ，婚姻線上有另外一條短線，稱為貴人線，表示雙方互助合作，建立和平的家庭。

2 末端一分為二的婚姻線

如Ⓒ所示，婚姻線一分為二，表示夫妻貌合神離，一旦有所不滿時，可能有分居或離婚的危機，如Ⓓ所示，在分岔線的前端又出現另一條新的線時，表示可能為了子女或工作的問題而打消了離婚的念頭。如Ⓔ所示，正中央出現菱形時，表示分居後再度復合，變得比以前更幸福。在起頭分岔，於中途又合為一條的Ⓕ，則表示先同居再結婚的伴侶。

3 有島的婚姻線

婚姻線的起始處有島的Ⓖ，表示在結婚當初有問題，但隨著雙方互相的了解，問題消除了。如果在中途出現島Ⓗ的話，則表示注意到對方的缺點，多爭執與口角。而末端有島的Ⓘ，則表示離婚的厄運難以避免。

4 出現交叉或停止線的婚姻線

在中途出現交叉的Ⓙ，表示雖然不會離婚，但是沒有共通的話題或興趣，顯得容易焦躁。如Ⓚ所示，末端出現交叉，表示因為經濟的理由，導致婚姻生活破裂。如果如Ⓛ所示，末端出現停止線，則大都是死別。

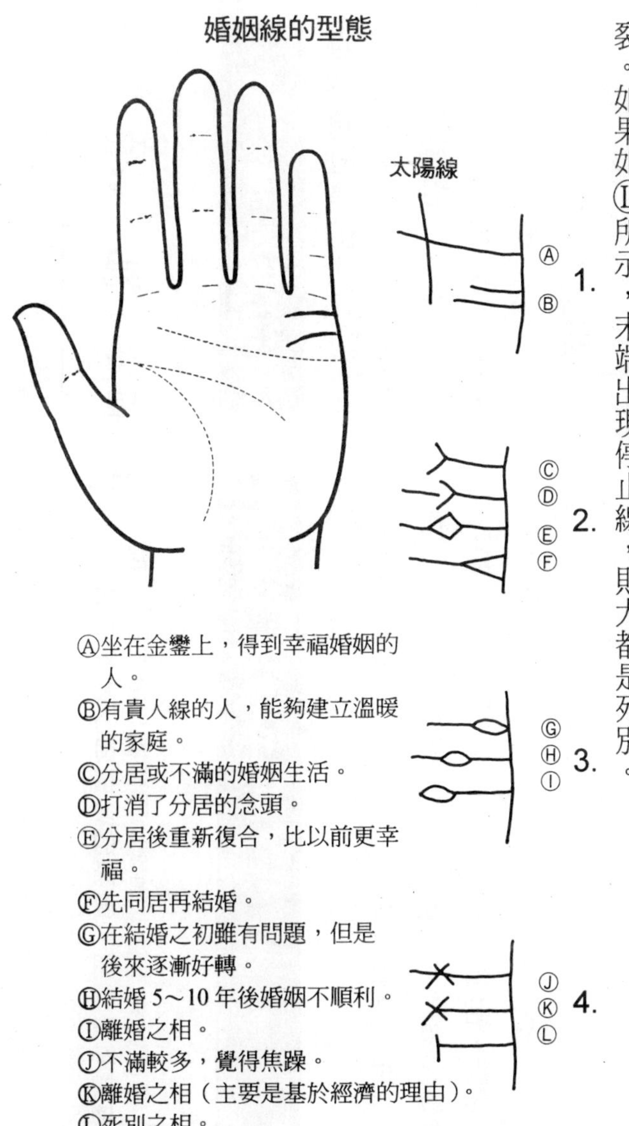

CHECK 5 第一火星丘

表現行動力與情愛的深度，與骨肉至親連繫的丘。出現在拇指側的丘就是「第一火星丘」

觀察勇氣與行動力的「第一火星丘」

◆檢查面積的大小

如果這個丘像Ⓐ一樣非常的寬廣，顏色呈現粉紅，表示具有攻擊性、耐性，是一位熱情家。不論是在戀愛或工作方面，都有積極的表現。反之，如果比較狹窄的話，表示缺乏耐性，容易疲倦。此外，這個部分狹窄的人，欠缺體貼、溫柔，予人冷漠的印象。

◆第一火星丘的紋路

看看出現在這個丘上的紋路，就可以了解性格與耐力。如Ⓑ所示，與生命線的內側平行伸展的線，象徵耐力，表示對疾病具有抵抗力。充滿元氣，有時會發生爭執、反彈、出現一些麻煩。年輕時，多半會反抗父母。這條線越長的話，稱為耐力線，表示對於性具有熱情與耐力。過度洋溢情愛時，反而會遭遇失敗。這個線延伸到與生命線同樣的深度時，稱為雙重生命線。表示外觀上看起來孱弱卻有很強的生命力，具有抗病的力量。

◆隆起的第一火星丘

不論男女，如果這個丘隆起，表示對性是熱情家，有時過於多情。如Ⓒ所示，出現斜線時，表示激情的象徵。運動選手多半擁有這種線。病人逐漸復原時，也會出現這種線。

出現在第一火星丘上的線

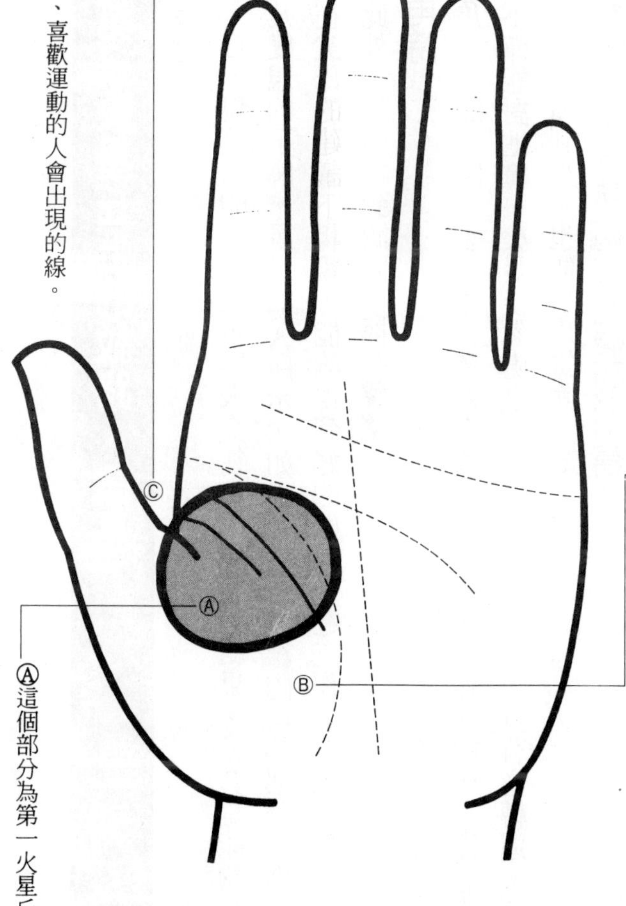

Ⓒ熱情、喜歡運動的人會出現的線。
Ⓒ
Ⓐ
Ⓑ
Ⓑ具有耐力、對抗疾病的力量。
Ⓐ這個部分為第一火星丘。

出現在第一火星丘上的紋路、訊息

◆出現星星時

第一火星丘出現星星的人，表示與人交往會出現好的結果。尤其是能夠得到家人的幫助及雙親的了解。星星如Ⓐ所示，如果始於生命線內側的部分，則更為幸運。亦即在父母的建議下相親，能夠得到好的姻緣。在工作上會因為父母的幫助而成名。此外，努力得到認同，擁有聲望。

◆出現三角時

出現三角（→Ⓑ）時，表示雖有意外事故或出乎意料之外的危機，卻能夠冷靜的處理。不僅能對地震、火災淡然處之，也能夠抵擋厄運，具有逆轉運。即使平常難以忍耐的厄運到來，也能加以排除。

◆出現「島」時表示熱病或戀愛的糾葛

第一火星丘上出現與生命線平行的「島」（→Ⓒ）時，具有兩種完全不同的意義。一種是天生的偏頭痛或呼吸器官較弱的人，輕微的感冒就會引起發燒，持續頭痛。另一個意義，表示追求刺激的戀情，結果引起紛爭。

◆出現交叉時表示口角或爭執

如果這個部分如Ⓓ所示出現交叉，表示口角或爭論較多。過於善辯，會引起對方的誤解，造成紛爭，過於任性、不屑他人的意見，心胸狹窄。這個交叉如Ⓔ所示，成為彎曲的火星線時，表示不服輸、不妥協，可能會與長者起衝突。

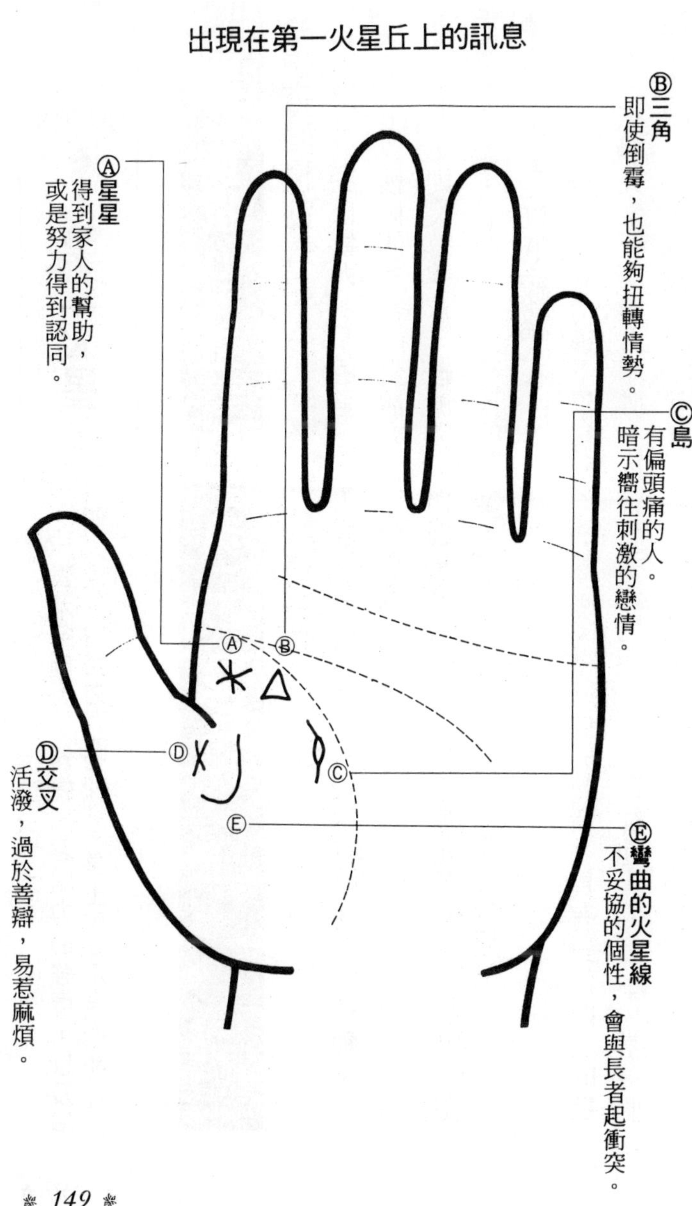

CHECK 6 第二火星丘

表示行動力、熱情、忍耐力的強度，以及與個人人生的努力有關的丘。是出現在小指側的丘。

觀察反抗心與正義感的第二火星丘

◆檢查面積的大小

第二火星丘較大，顏色呈粉紅色或具有光澤的人，表示有耐性，是行動家。在工作上會積極的賺錢，生活方式也很實際，不會依他人的指示行事。如果這個部分狹窄，則沒有欲求，經濟與工作追求平淡，生存於既定的範圍中。此外，缺乏體貼、溫柔之心，予人冷漠的印象。這一點與第一火星丘的特徵類似。

◆第二火星丘的紋路

如Ⓐ所示，在感情線下平行延伸的線，象徵反抗與熱情，具有對付敵人的抵抗力。充滿元氣，有時會爭吵、反彈，引起問題。不會聽從他人的指示。當這個線長的時候，一旦被束縛，就會反抗，是充滿耐力的人。但是過度的叛逆，也會遭遇失敗。如Ⓑ所示，弧線朝著無名指的方向延伸，表示對金錢的關心度較高時，財運也會提升。如Ⓒ所示，如果線朝下，表示疲倦與焦躁。

◆突起的第二火星丘

不論男女，如果這個丘突起，會注意實際的問題而展現行動。手指靈活，會傾注熱情，實現自己的計畫。如果顏色呈現紅色或出現斑點，表示體調不良。

出現在第二火星丘上的線

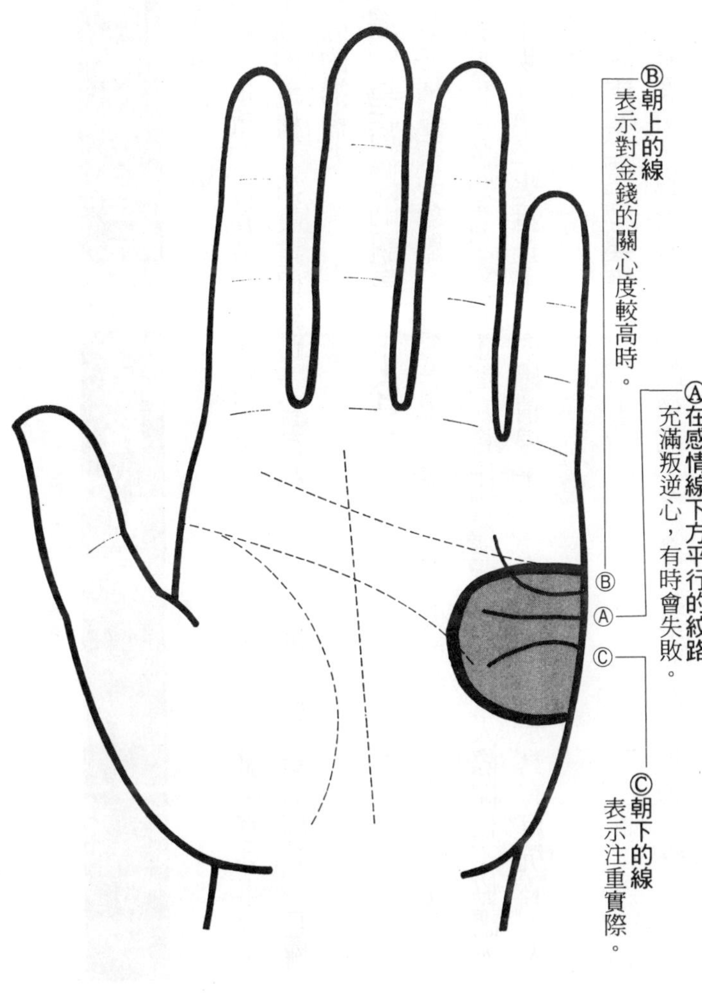

出現在第二火星丘上的紋路、訊息

◆出現三角時（→Ⓐ）

要求冷靜、慎重的行動時，突然出現這個紋路，表示可能會發生意外事故，或有意想不到的危機。如果這個紋路一直存在，表示對抗厄運的耐力極強，且擁有比平常更強的抵擋力。

◆出現「島」是疲憊的訊息（→Ⓑ）

「島」是各種障礙的象徵。如果這個島出現在第二火星丘，表示具有反抗心，喜歡冒險。對於他人的忠告，充耳不聞。會出現戀愛的紛爭，人際關係不協調。如果「島」出現在第二火星丘上而與感情線平行（→Ⓒ），表示具有反抗心，人際關係上的紛爭不斷。

◆出現交叉時表示疲憊與焦躁（→Ⓒ）

足腰或全身疲勞，也是口角較多的徵兆，會製造紛爭。如果像Ⓔ一般，這個交叉的直條紋較多時，則表示頭痛或牙痛。

◆出現格子時表示壓力（→Ⓕ）

持續的焦躁與失眠造成壓力，會對身體造成不良的影響。當出現強大的壓力而且持續不斷時，皮膚乾燥，引起皸裂而出現格子。

◆出現井字表示是旅行的護身符（→Ⓖ）

能夠保護自己免於傷害或意外事故，能夠掌握九死一生的幸運。在大家都受到重傷時，唯有自己得救。

◆出現星星時（→Ⓗ）

第二火星丘上有星星的人，表示與他人的交往會出現好的結果。尤其能夠得到家人的協助，提高父母的了解。

出現在第二火星丘上的訊息

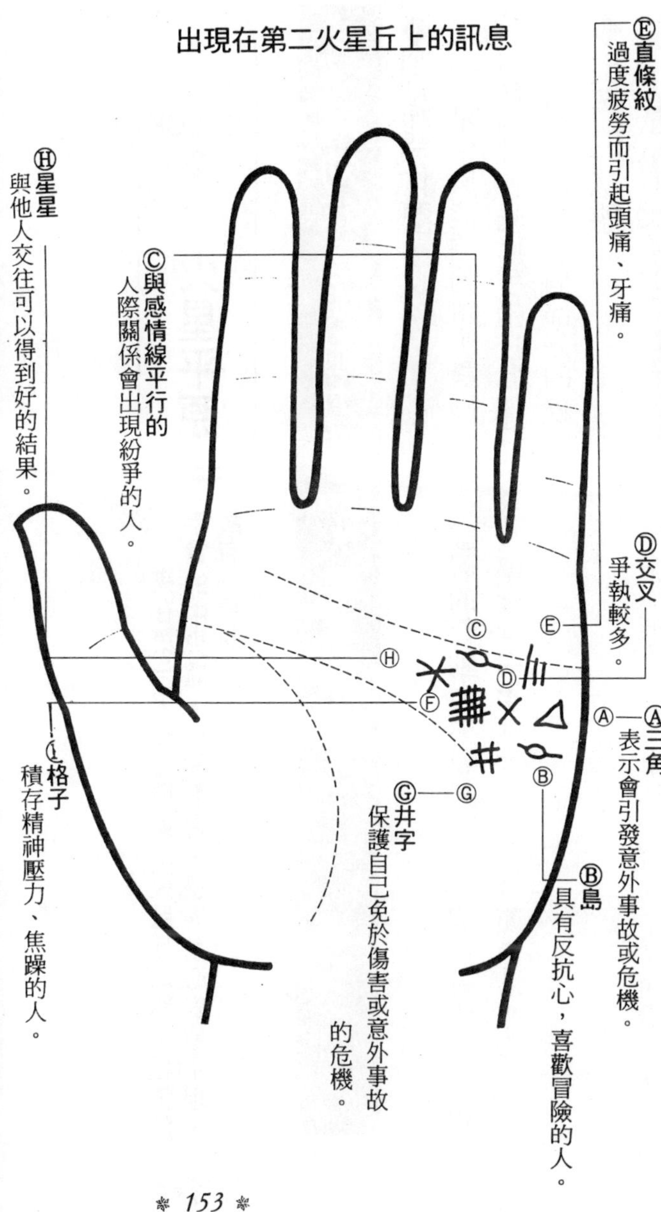

CHECK 7 火星平原

夾在第一火星丘與第二火星丘之間，相當於手掌的中央處，一般而言，是表示心安或平坦，故有「平原」之稱。

了解幼年運與耐力的「火星平原」

◆判斷些什麼

火星平原能夠判斷十歲層與二十歲層的行動力與運勢、人際關係與體力。和丘同樣的，首先用手指按此部分，檢查堅硬度與柔軟度，要注意顏色、光澤。其次，注意出現在這個部分的紋路與線。

◆皮膚的狀態

火星平原柔軟的人具有適應力，不會與他人發生爭執。容易半途而廢、缺乏耐性。幼年多半在良好的環境中度過。火星平原堅硬的人非常頑固，忍力極強，具有對抗疾病的力量，但是不妥協。這個平原具有光澤的人，持續擁有穩定的健康狀態，尤其心臟或循環器官系統的狀況良好。

◆「深淺」是體力的象徵

深深凹陷的人，單純但具有耐力。運動選手多半屬於這一型。職業摔角選手、拳擊手很多擁有大的凹陷，並且得到成功，同時也如Ⓐ的斜線一般，清晰可見。淺而薄，表示體力較弱，容易疲倦。具有很好的感度，人際關係上比較敏感，因此非常的辛苦。如果這一型的人具有如Ⓑ所示的細線而出現在第二火星丘側，表示焦躁而造成壓力積存，因為失眠而苦惱，胃腸的狀況欠佳。

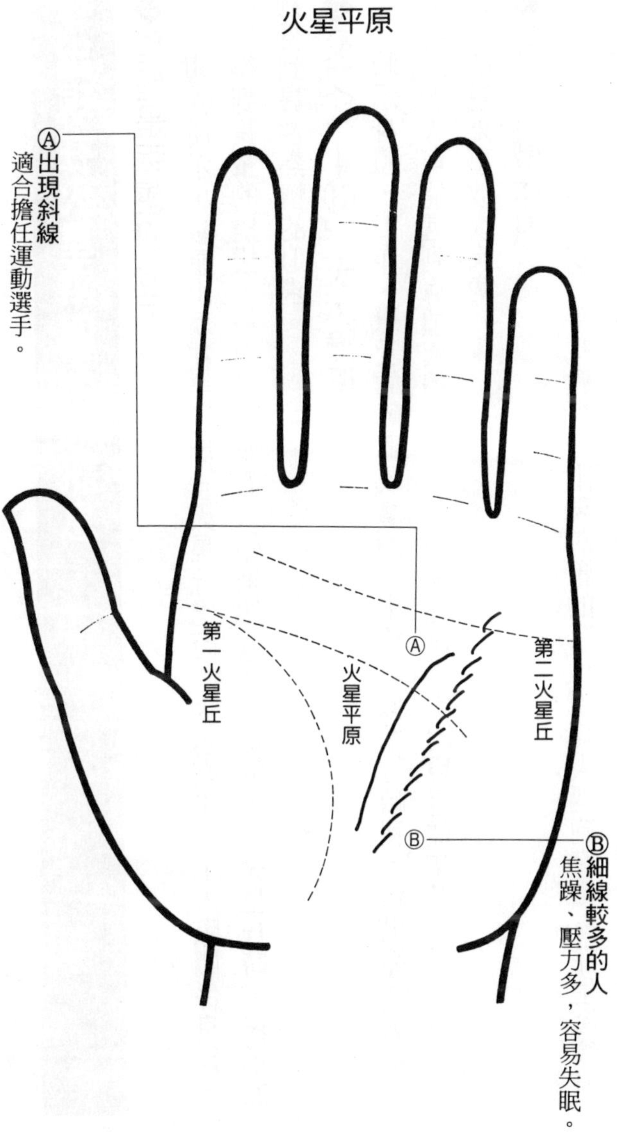

火星平原

出現在火星平原上的訊息

◆星星是幸運的暗示

如Ⓐ所示，星星出現在接近第一火星丘處時，表示在工作上人際關係良好，能夠得到長輩的提拔，努力得到報償。如果如Ⓑ所示接近第二火星丘時，表示能夠得到異性熱情的追求。

◆交叉（→Ⓗ）表示障礙

暗示身體、工作、戀愛的障礙或麻煩。事情看似進行順利，結果卻一團糟。此外，親人可能遇到麻煩或體調不佳。如果在旅行中出現這種交叉，需要注意旅行中的意外事故或疾病。

◆井字象徵休息

火星平原上出現井字，會持續出現討厭的事，或親人遇到麻煩。在生命線附近出現如Ⓒ的井字，表示要重視疾病或意外事故後的休養。如Ⓓ所示，井字出現在接近命運處時，會因為工作上的問題或人際關係的紛爭而不想工作。

◆島是「不安」的象徵

對於現狀感到不安，或過去的失敗無法忘懷。

如Ⓔ所示，若是島接近智慧線，表示有嚴重的煩惱，有偏頭痛的毛病，眼睛異常。如Ⓕ所示，在火星原的小指側交界處出現大島時，表示情況更為嚴重，精神和肉體都深受打擊。女性則有心理的煩惱，或是因為生理不順而苦惱。

前述的「神秘十字」Ⓖ（參考四十六頁），在此處也會出現。

出現在火星平原上的訊息

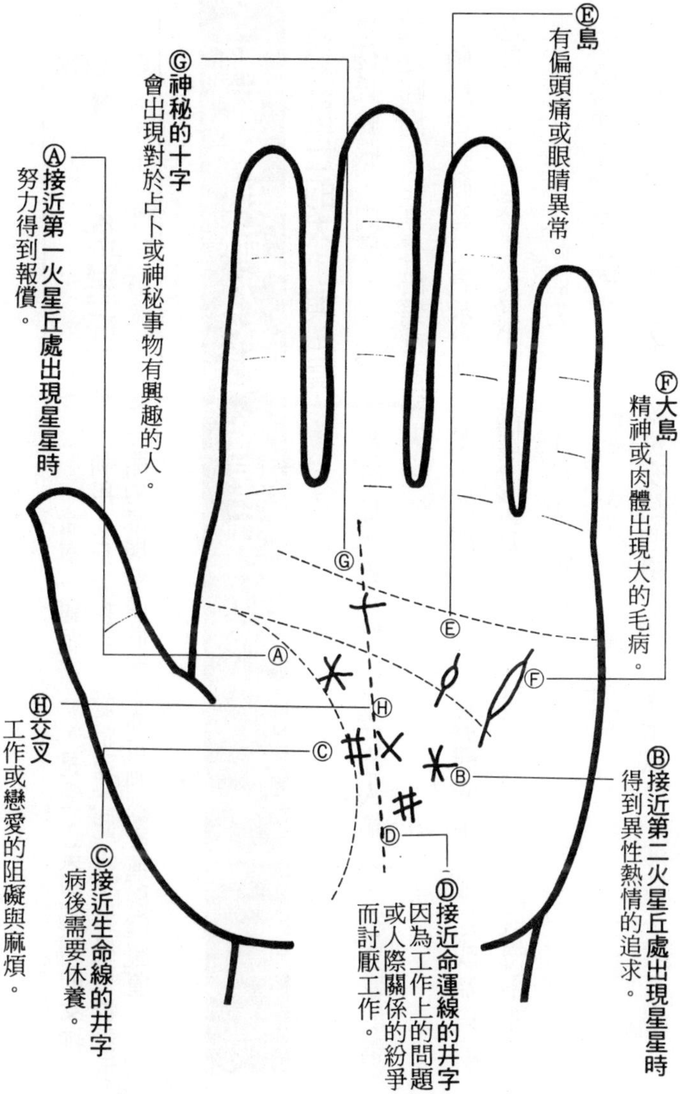

CHECK 8

金星丘

金星「維納斯」，是愛、美與調和的女神。利用此丘能夠占卜愛情運。此外，金星丘也表示耐力度與健康狀態，亦可判斷家運與健康運。

了解愛情與耐力的「金星丘」

◆觀察金星丘的大小與色澤

這個丘膨脹、肉厚、呈美麗的粉紅色，表示健康，充滿人情味，有豐富的情愛，家庭圓滿，能享有快樂幸福的人生。

這個丘過度發達，表示愛情過剩，渾然忘我的埋首於戀愛中，或是成為只追求肉慾的人。女性幾乎不會出現這種情形。要和表現精神面的月丘之間取得平衡。

發達較少時，表示欠缺體力，個性不活潑，比較憂鬱。

◆出現格子象徵多情

如Ⓐ所示，整個金星丘充滿縱橫交錯的格子狀，表示風流、多情、擁有兩位以上的異性朋友，陸續更換戀愛的對象。如果如Ⓑ所示，出現明顯的小格子，表示突然變得頑固，不聽他人的話。

◆出現在拇指根部的家庭環（→Ⓒ）

出現在拇指根部鎖狀的紋路，稱為家庭環，表示被大家族包圍，能夠建立幸福的家庭。通常女性出現二、三個或四個以上的鎖狀，表示容易得子。希望達成「DINKS」目標的人，一定要努力做好家庭計畫。

出現在金星丘上的線

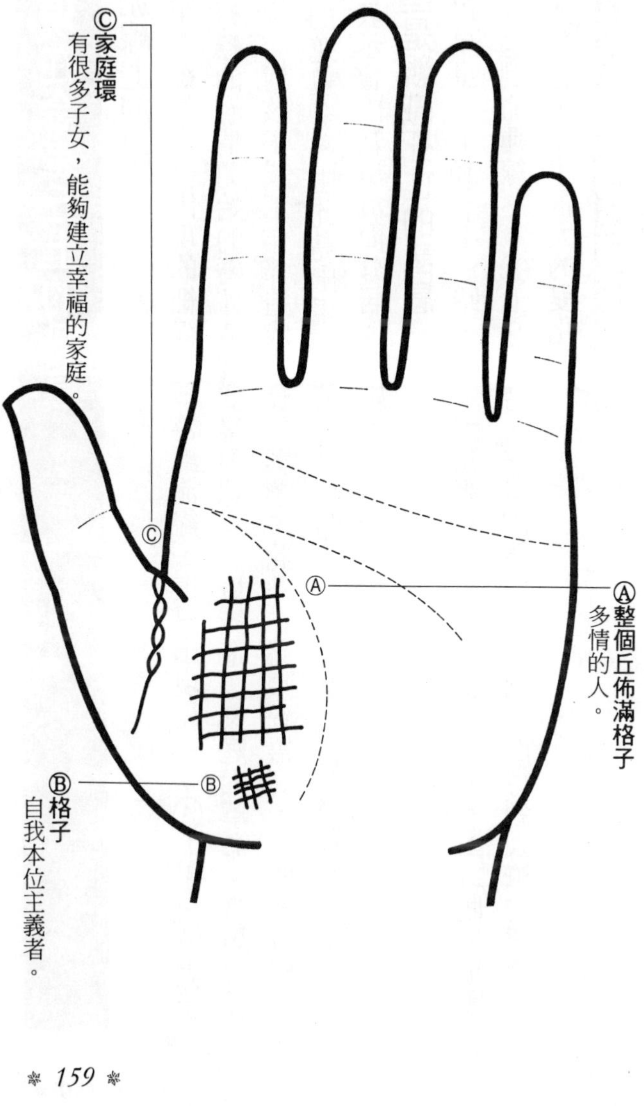

出現在金星丘上的訊息

◆風流線上的島

在生命線的內側出現的細線，稱為風流線，這兒出現島（↓Ⓐ—1）時表示原本以輕鬆的心情開始的婚外情會變得很認真，最後造成家庭大革命。麻煩會長期的發生，對孩子或工作都造成不良的影響。此外，必須覺悟到，可能要付出一筆龐大的遮羞費。由此島出現的障礙線，如果分為二條到達婚姻線時（↓Ⓐ—2），表示會因為風流而分居或離婚。

◆星星是親戚死亡的訊息

出現星星（↓Ⓑ—1）時，表示因為親戚的死亡而受到打擊。由這個星星所伸出的線碰到命運線（↓Ⓑ—2）時，表示因為親戚的死亡而得到大筆的遺產，以後的運勢也會產生很大的變化。

◆從金星丘出現的島型條紋

如Ⓒ，金星丘出現的島型條紋，象徵對性的關心異常，工作失敗，一生蕩然無存。也可能因迷戀一位女性而捨棄工作或親人，脫離社會，是悲慘的運。

◆金星丘上的訊息

如Ⓓ所示，金星丘出現直線或直線增加時，表示魅力十足，男性會主動接近妳。如Ⓔ—1所示，生命線外側出現魚形，表示因為調職或結婚而更換住所。如Ⓔ—2所示，魚形出現在內側時，表示因為末期癌等，死期將近。出現交叉（↓Ⓕ）時，表示父母或親人的死亡。

出現在金星丘的訊息

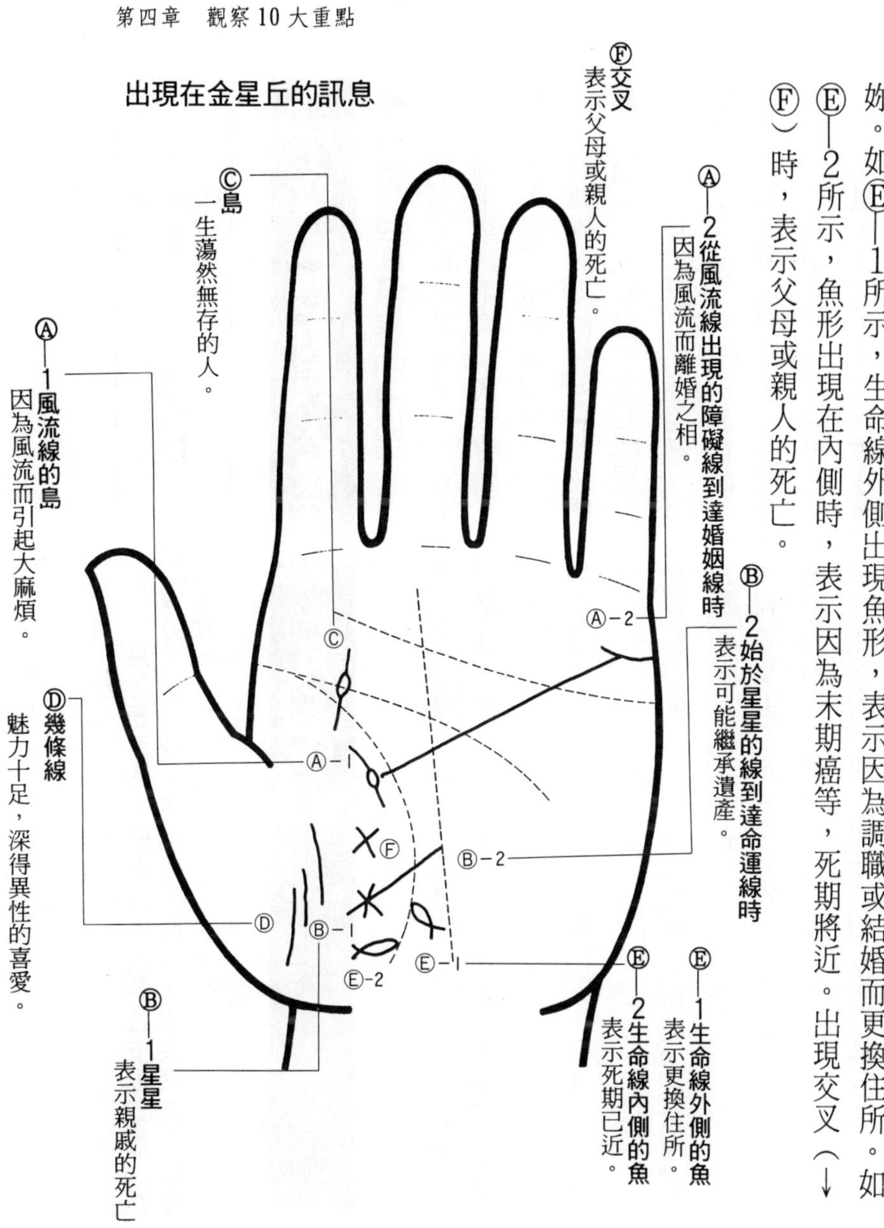

CHECK 9

月丘

月丘表示個人的潛能。這個丘支配幻想、想像力、神秘性、靈能力。此外，也是調查人緣運的丘。

了解幻想力與人緣運的「月丘」

◆檢查月丘發展的情況

這個丘的突起越大，表示具有豐富的構想，經常懷有大夢想，是受人歡迎的人。如果突起平坦，表示實際，缺乏情緒。對於藝術家或演藝界人士來說，這個丘出現大突起是很重要的。

命運線、太陽線如果始於此，表示受到大眾的喜愛，能夠提升事業運。

◆出現在旅行線上的訊息

從生命線延伸的旅行線，其前端或線上的月丘，象徵旅行中所發生的事情。交叉（→Ⓐ—1）表示旅行時可能發生意想不到的事故，容易受傷。島（→Ⓐ—2）表示傷害大於交叉，可能會遭遇到危及生命的意外事故或事件。

井字（→Ⓐ—3）表示即使遭遇意外事故，也能夠化險為夷。

星星（→Ⓐ—4）表示在旅行時會遇到大幸運，使往後的人生好轉。

◆橫線表示肝臟有毛病

肝臟出現毛病時，這個部分略帶紅色，有時出現紅色的斑點。此外，如Ⓑ，會出現五、六條二公分長的橫線。出現如Ⓒ的一條短橫線時，表示過敏體質，使用藥物或手術麻醉時，需要注意。是不勝酒力的體質，不要大量飲酒。

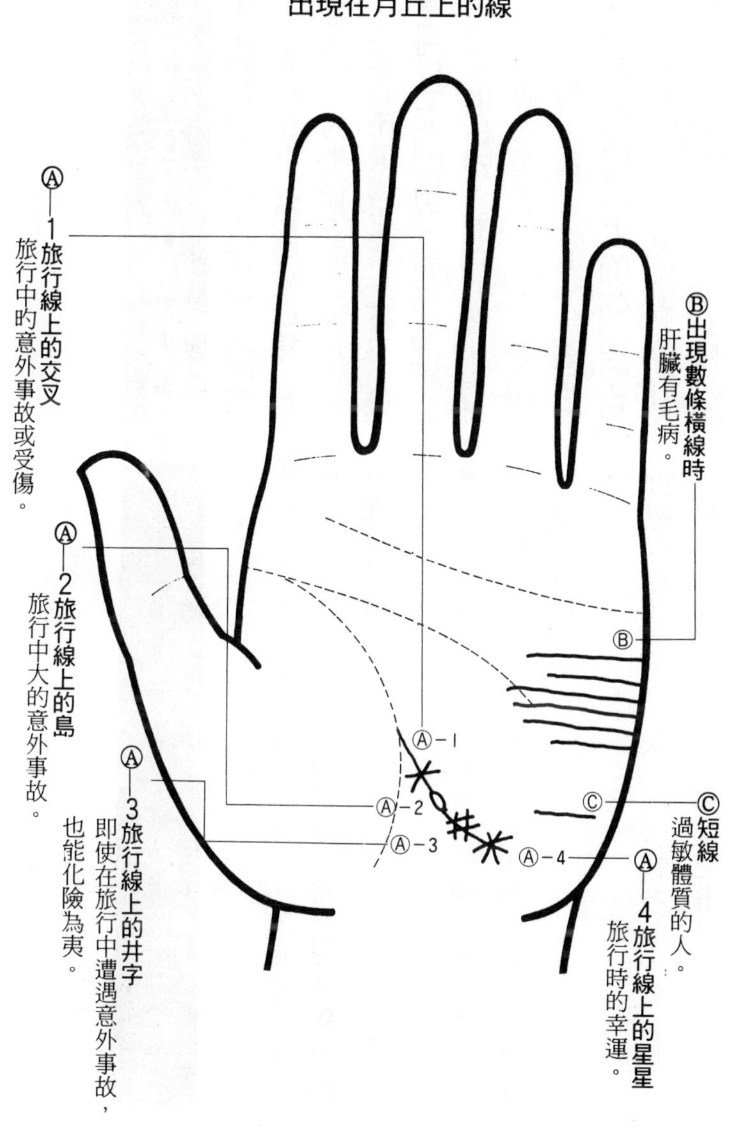

出現在月丘上的訊息

◆喜歡自由的人會出現弧線

從月丘下方朝向生命線出現弧線（↓Ⓐ），表示愛好自由，不喜歡受拘束。藉著自由的生存，能夠表現自我。喜歡旅行，具有放浪的習性，甚至經常獨自旅行，隨心所欲的生活。擁有美感，直覺力豐富。

◆月丘上的格子表示神經過敏

如Ⓑ所示，整個月丘出現拋物線狀的紋路，表示是神經過敏的人，非常的辛苦、焦躁。格子（↓Ⓒ）表示過於介意小事，夜晚失眠，甚至想要自殺。出現在月丘上的黑點（↓Ⓓ），表示神經系統有毛病。

◆出現在月丘上的強運訊息

如Ⓔ所示，出現漩渦狀的掌紋。以擁有特殊發現的人或創意較多的人較多見。對工作有幫助，會創造出暢銷產品。具有強大的運勢，為長壽之相。

出現魚形（↓Ⓕ），表示直覺力強，即使陷於苦境，也能夠得救，為強運之人。三角（↓Ⓖ）表現豐富的想像力，具有靈能。

◆出現在影響線上的訊息

從月丘下方朝向命運線的影響線（↓Ⓗ），表示與異性的相遇。如果在這個線上出現魚形，表示會有意想不到的美好戀情，可以邂逅到自己的意中人，得到良機。

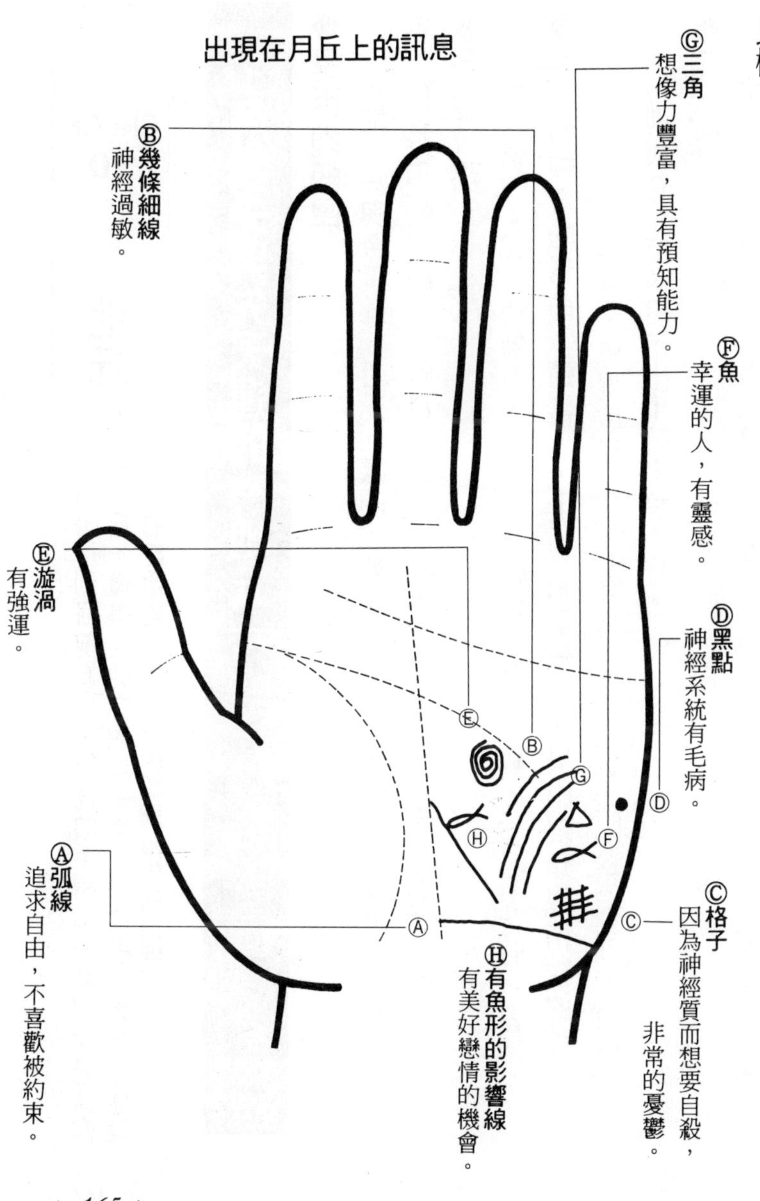

CHECK 10

地丘

到目前為止，以往的手相術不曾探討過這個丘。淺野式的介紹以「地丘」命名。地是命運線的起始處，表示與家族或祖先的連繫。

了解祖先與先天運的「地丘」

◆是否肉較厚

「地丘」與金星丘、月丘同樣的，如果肉較厚，表示心中還牽掛著前世的鄉愁，在意祖先的問題。丘較淺的人，表示對此不關心，甚至不會去掃墓。

◆各種紋路

三叉戟（→Ⓐ）清晰者，表示具有神秘的靈的感覺。一旦辛苦時，會經由祖靈而得到神奇的幫助。通常，本人並未察覺。如果出現類似指紋的紋（→Ⓑ），表示具有靈感，感覺敏銳。Ⓒ的直線，表示出生時家境很好。Ⓓ的島和交叉，則與Ⓒ相反，表示出生時家境不好。

◆鎖狀線

如Ⓔ所示的鎖狀線，表示容易疲勞的體質，精神的疲勞會立刻影響到肉體。普通人可以忍受的痛苦，這種人卻忍無可忍。

◆出現鬢角線表示家族隆盛

地丘出現鬢角（→Ⓕ）時，表示此人能夠振興以往沒落的家業，使家族幸福。

如果家庭紛爭不斷的家庭能夠生出擁有這種線的子女，也能夠重整家業，得到幸福。

出現在地丘的訊息

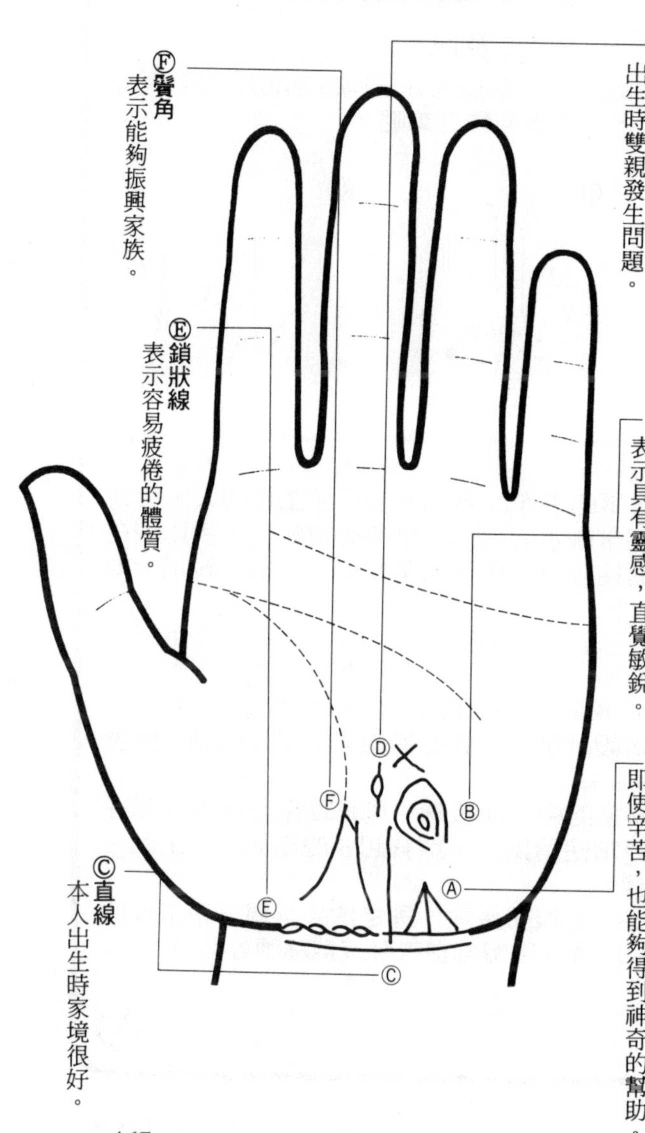

Column

〈測試〉

觀察手掌，如圖所示，三個人在不同的部位出現很大的繭，到底他們三人各自從事何種行業呢？

Ⓐ

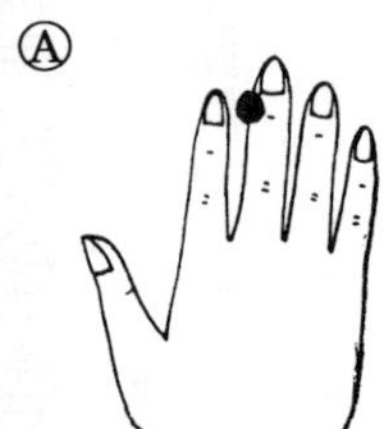

Ⓑ

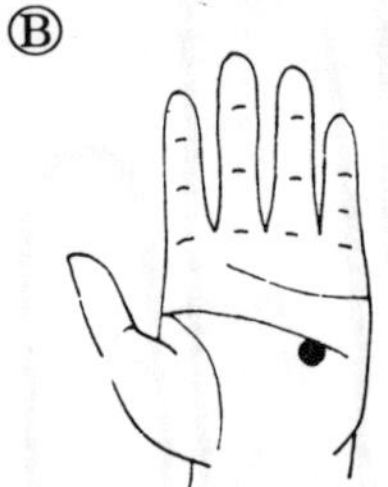

Ⓒ

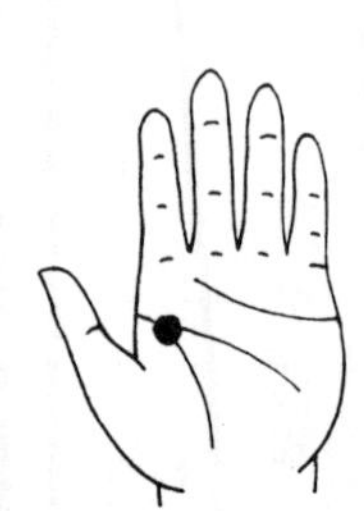

〈解說〉

手往往因為從事的工作而變形。使用手工作的人，與普通人的手不同。經常碰水的人，手掌的皺紋較少，手比較白皙。例如指壓師這種經常利用手力工作的人，指尖較粗，拇指指尖尤其粗大。

如Ⓐ所示，中指靠向食指處出現大繭，表示經常用筆工作，像作家、公務員、事務員等均是。此外，如果出現紅墨水的斑點，表示從事與設計有關的工作。這個部分長繭，多半是設計師或美術設計師。在強烈的燈光下工作的話，則多半有焦黑的感覺。

如Ⓑ所示，手掌的中央部長繭，則是使用好像螺絲起子等工具來工作，經常使用鋸子、螺絲起子的電氣工、工匠、就會出現這種情形。

如Ⓒ所示，拇指的根部長繭，則是指經常握著手工作的人。例如乾洗店人員經常用熨斗燙衣服或裁縫師等均是。

第五章

迎向積極的人生

開運的方法

藉著努力就可以把不好的手相改變為好手相。
在此為各位介紹幾種開運法。

運用好手相改變壞手相的方法——手相可以改變

◆運為食

日本江戶時代的占卜家水野南北曾說「運為食」。對人類而言，維持健康不可或缺的是食物，在這美食、飽食時代中，要特別注意營養均衡。一心想要擁有苗條的體型而勉強減肥，會使手掌的色澤不良，指甲的半月形消失。有如早起時照鏡子一般，每天早上都要檢查自己手的樣子，因為手相會變化。

◆快樂地生存

即使遇到痛苦的事情，也不可能一生持續下去。不論境遇如何，都不要悲觀，始終相信明天會更好，就會帶來好運。放鬆心情，經常往積極面去想，則原本斷斷續續較淡的線也會連起來。此外，細線縱橫有如蜘蛛網一般，或是神經衰弱型手相的人，有自殺線手相的人，其手相會隨著心情的復甦而成長。有效的開運法是在食指戴戒指。戴上戒指可以製造幸運的象徵「所羅門環」，金、銀皆可。如果鑲有小寶石會更好。

改運的方法

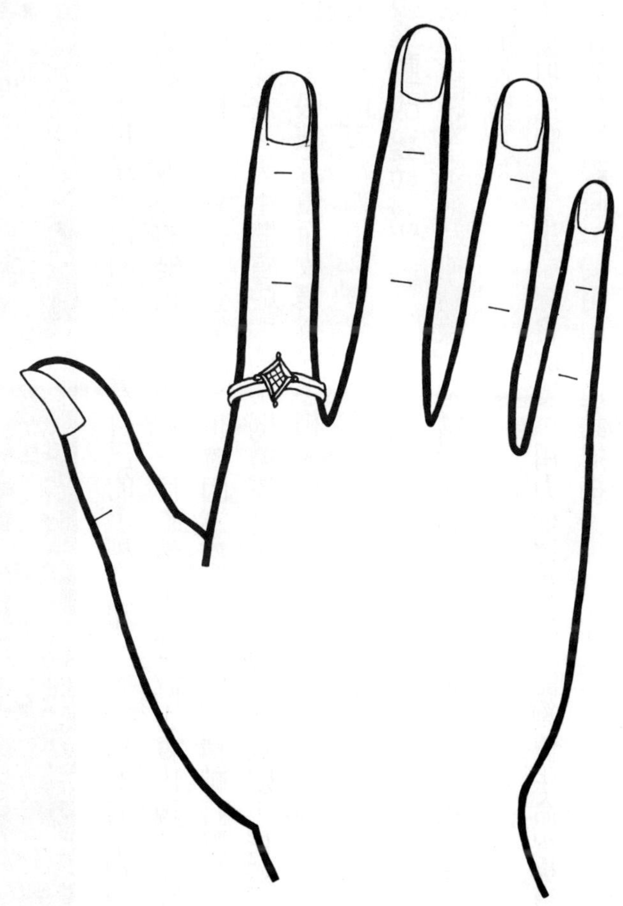

在食指戴上戒指，可以製造幸運的象徵「所羅門環」而開運。

利用訓練改變手相——改變手相的訓練

一年一次，每逢自己的生日時看自己的手相，和一、二年前的手相相比。線的形狀、細紋、支線等的變化，就能夠一目瞭然了。據說不會出現任何變化的基本三線（生命線、智慧線、感情線）也會因為疾病、受傷或精神打擊等，而出現島或交叉。反之，天生體質較弱的虛弱體質者，以及精神面較弱，依賴心較強的人，可以藉著鍛鍊身體而改變為好手相。

改變手相的方法如下：

◆利用運動改變紋路

手掌的紋路本來稱為運動線，是透過活動而製造出來的。手指和手的紋路之間有以下的連繫。

Ⓐ運動拇指時——生命線會改變，用力地運動拇指能夠使生命線變得清晰。希望有良好的生命線時，要用力地運動拇指。

Ⓑ運動食指，用食指按桌子的動作——能夠使智慧線清晰，強化智慧線。用力運動食指的動作，能夠使智慧線的起始處有清晰的紋路。

Ⓒ運動無名指、小指的動作——能夠產生漂亮的感情線。緊握無名指、小指

能夠加深感情線。感情線斷裂或中途出現島，利用這方法可以改善感情線。瑜伽的動作，強化手指的動作是最好的方法，也是改善手相的方法。

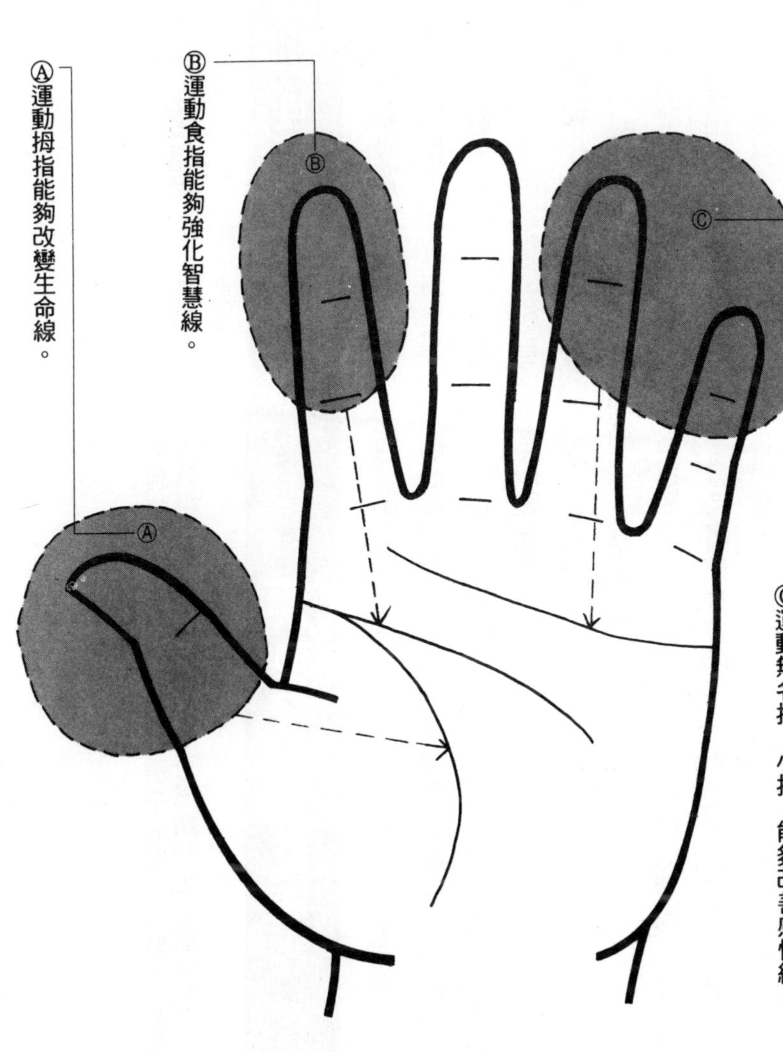

戀愛運

在何種情況下有機會遇到夢中人呢？何時，以何種方式陷入熱戀中呢？在此調查不可思議的戀愛的訊息。

一旦戀愛時手會改變——被年紀小的男性所喜愛手相

觀察戀愛運時，表達對於對方體貼溫柔的感情線，是判斷的重要關鍵。接著要觀察婚姻線，調查對於異性的關心度和對性的意識。有影響線或金星環的人具有神奇的魅力，深受異性吸引。金星丘訴說肉體的情愛，月丘表示精神的情愛，所以兩個丘的發達程度和色澤也是檢查重點。

◆與年紀小的男性戀愛的型態

1　感情線的前端朝向第一火星丘彎曲（→Ⓐ）

這類型的女性為老板型，性格也像大男人。不喜受人擺佈，與異性交往時也喜歡掌握主導權。熱衷於工作，不會考慮戀愛或婚姻，但是可能會突然發現比自己年紀小的男性喜歡自己。還沒有戀愛的人請看看四周的情形。

2　有反抗線（→Ⓑ）的人討厭接受命令

有反抗線的女性最討厭男性命令她。是行動家，不喜歡待在家中，對於較年長的男性無法散發出魅力來，願意與溫馴的男性和年紀較小的男性交往。

此外，生命線和智慧線的起始處分岔的人（↓Ⓒ）與年紀較小的男性戀愛的機率較高。

與年紀小的男性戀愛的型態

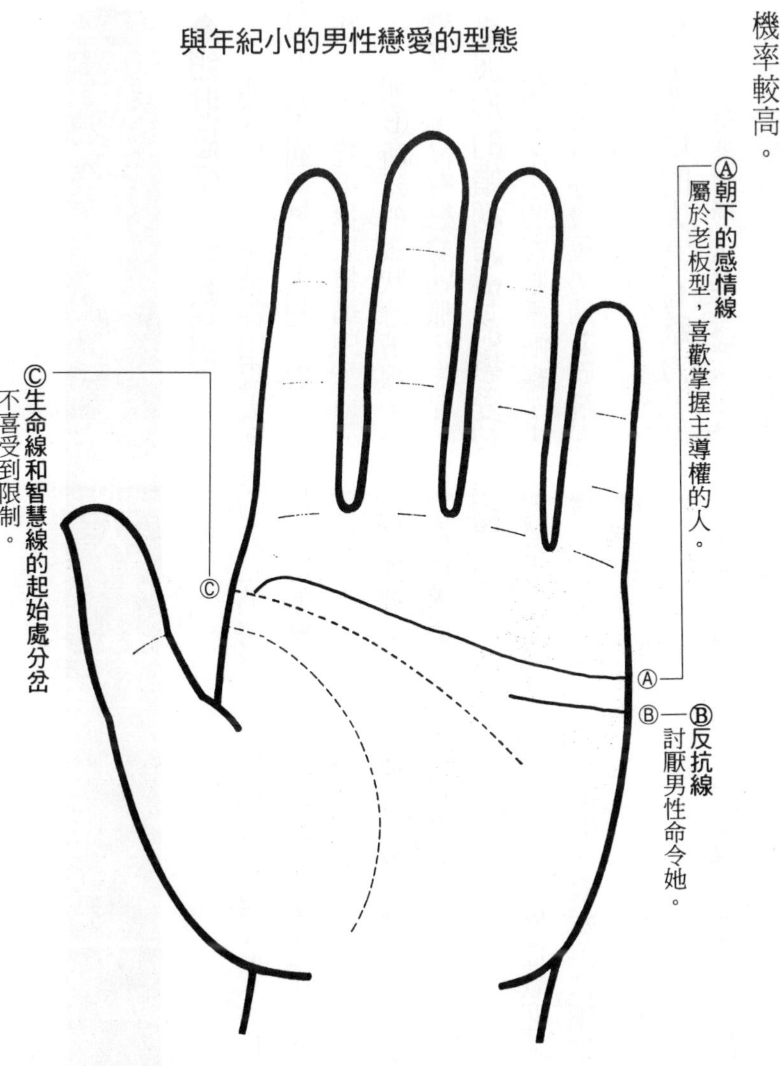

戀愛積極型——熱戀的人

◆鎖狀感情線為熱情型

如Ⓐ所示，感情線出現大斷裂的人是熱情家，會燃燒盲目的愛情。一旦喜歡對方會不顧周遭眾人的反對，而貫徹自己的戀情。愛情的表現非常直率，使對方在不知不覺中掉入情網中。

如Ⓑ所示的鎖狀感情線，表示感受性豐富，具有魅力。但是女性容易沈溺於戀愛中，沒有戀愛就無法生存，會一直追求新的異性和新的戀情。

◆波形的婚姻線對於戀愛較積極

如Ⓒ所示的複數婚姻線，表示對於異性深感興趣，而且深受異性歡迎。如果是女性會有好幾個男朋友圍繞在身邊，波形的婚姻線（→Ⓓ）表示無法壓抑戀愛的心情，會主動表示。

◆金星環的人富有魅力

具有美麗形狀金星環（→Ⓔ）的人非常富有魅力，深受異性的注意。如Ⓕ，金星環斷斷續續，表示非常性感，是戀愛至上主義者，即隨時燃燒戀情的人。

◆金星丘紋路較多，為風流女郎型

如Ⓖ所示，金星丘有很多的細線，表示喜歡遊戲人間，是風流女郎型。有複數的異性跟隨在側，對於能夠展現自己的魅力感到非常喜悅。

◆複數的影響線（→Ⓗ）表示很受異性歡迎

如果出現數條影響線，表示同時受到數位異性的愛的告白。可能是比自己年齡或社會地位高的人或外國人。

熱戀的人

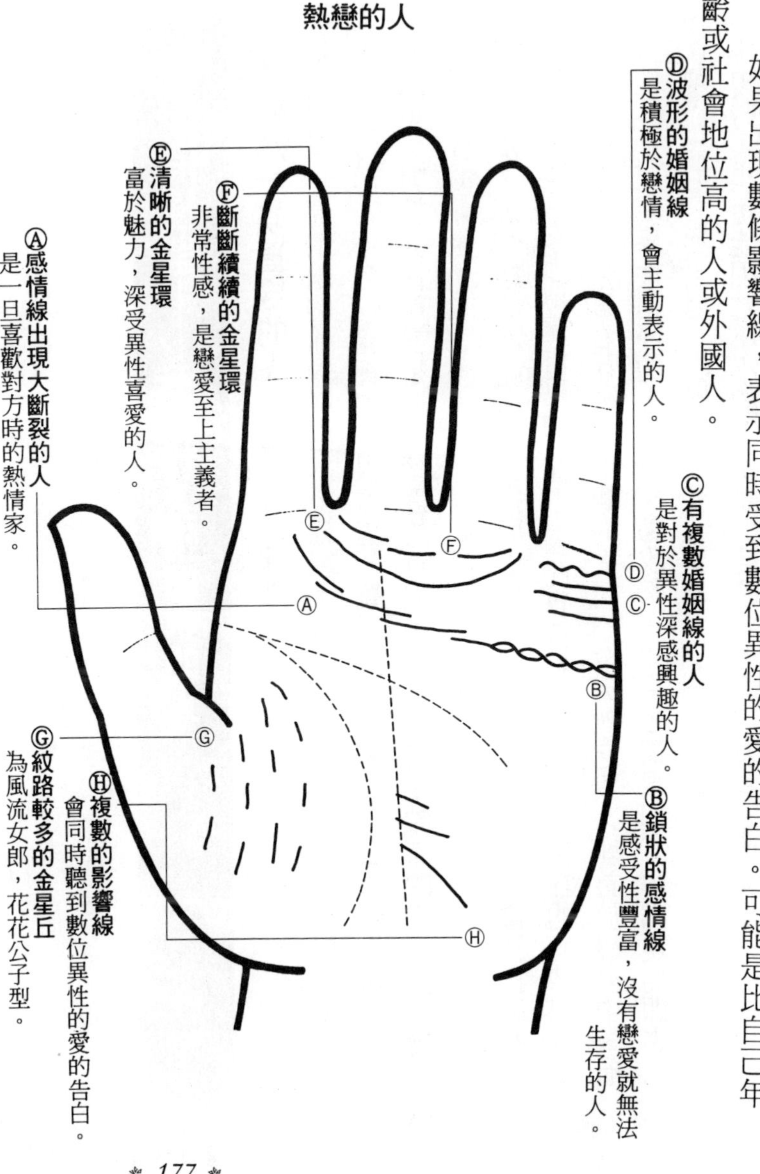

戀愛消極型——不會栽入情網中的人

◆感情線為一條直線的人不會一見鍾情

如Ⓐ所示，感情線的前端朝向木星丘或不會彎曲呈一直線的感情線（↓Ⓑ）的人，非常冷靜，不會一見鍾情，很害羞，難以向對方表白心意。予人富智慧、冷漠的印象，對於異性而言是難以接近的一型。原本是情愛頗深的人，因此應該製造比較開放的氣氛。

如Ⓒ所示，感情線的前端進入食指與中指之間的人，很體貼，會為喜歡的人獻身。但是很難向對方傳達自己的心情，因此覺得寂寞。朝向土星丘的感情線（↓Ⓓ）自我本位主義，是具有任性愛情觀的人。不會渾然忘我，埋首於戀愛中，而是精打細算，出現條件稍好的人就會發動攻勢。如果感情線如Ⓔ，出現島即表示戀情坎坷，可能有競爭對手出現，偷走了對方的心，嚐到失戀的滋味。有交叉（↓Ⓕ）出現時，也可能因為小小的爭執而引發最惡劣的結果。

◆沒有婚姻線的人容易單戀

一般人都會有婚姻線，但是有些人卻連一條婚姻線也沒有。這類型的人對於異性的警戒心極強，不會輕易與對方交往，大都是容易單戀的人。沒有戀愛的機會，大都是這個人的個性的緣故，所以要擴大行動範圍，變得開朗，大而化之。

在出現婚姻線以前，要等待機會。即使沒有這線，但是如果有，表示戀愛熱情的金星環出現，也能夠積極掌握戀愛的機會。

消極的戀愛型

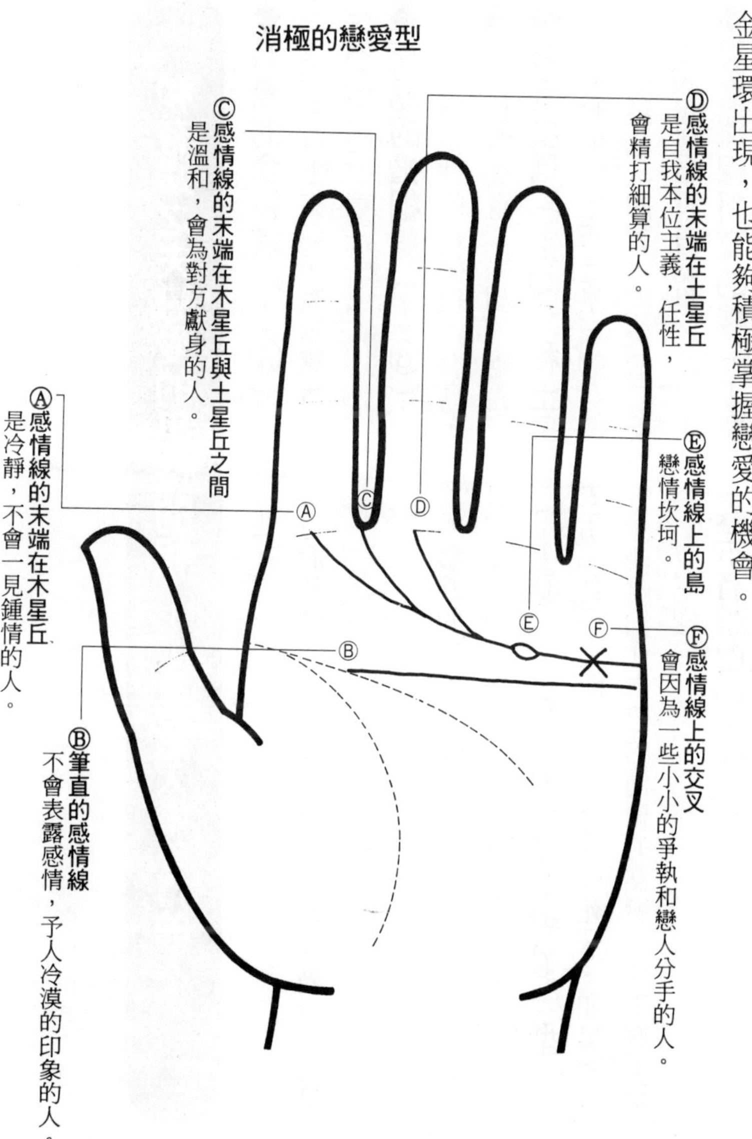

和有婦之夫戀愛的男性的相——容易陷入婚外情的人

◆有島的命運線（↓Ⓐ）

命運線上有島，表示戀情會因對方而無法持續下去，迫使自己放棄，理由是「因為對方有妻子」。

◆有島的婚姻線（↓Ⓑ）

未婚女性的結婚線上有島，表示所喜歡的男性有妻子，無法結婚。雖有戀愛機會，但會失意。等到答應對方所有的要求後，可能會受到很大的打擊。

◆有金星環（↓Ⓒ）和土星環（↓Ⓓ），是屬於「執著戀愛」型

擁有斷斷續續金星環的女性，表示「為戀愛而生，為戀愛而死」。如果同時擁有土星環，即表示即使遭受反對也無法壓抑住自己的情緒的熱戀。如果有土星環，表示戀情沒有結果。

◆與命運線斜交的線（↓Ⓔ）表示有阻礙的戀情

出現在金星丘的障礙線與命運線交錯，表示可能與有婦之夫熱戀。這種超出常識以外的激情，一旦遭受反對或無法達到自己的心願時，可能會下定決心選擇

「死亡」之路。

◆生命線內側的線是風流線

生命線內側的風流線，女性通常是以碰到生命線（↓Ⓕ）較多，表示「女性的風流是奮不顧身的」。如果在離開生命線才開始的風流線有交叉時（↓Ⓖ），表示可能與有妻子的男性暫時擁有婚外情的機會，但是如果及時懸崖勒馬，所受的傷害會較少。

和有夫之婦戀愛型

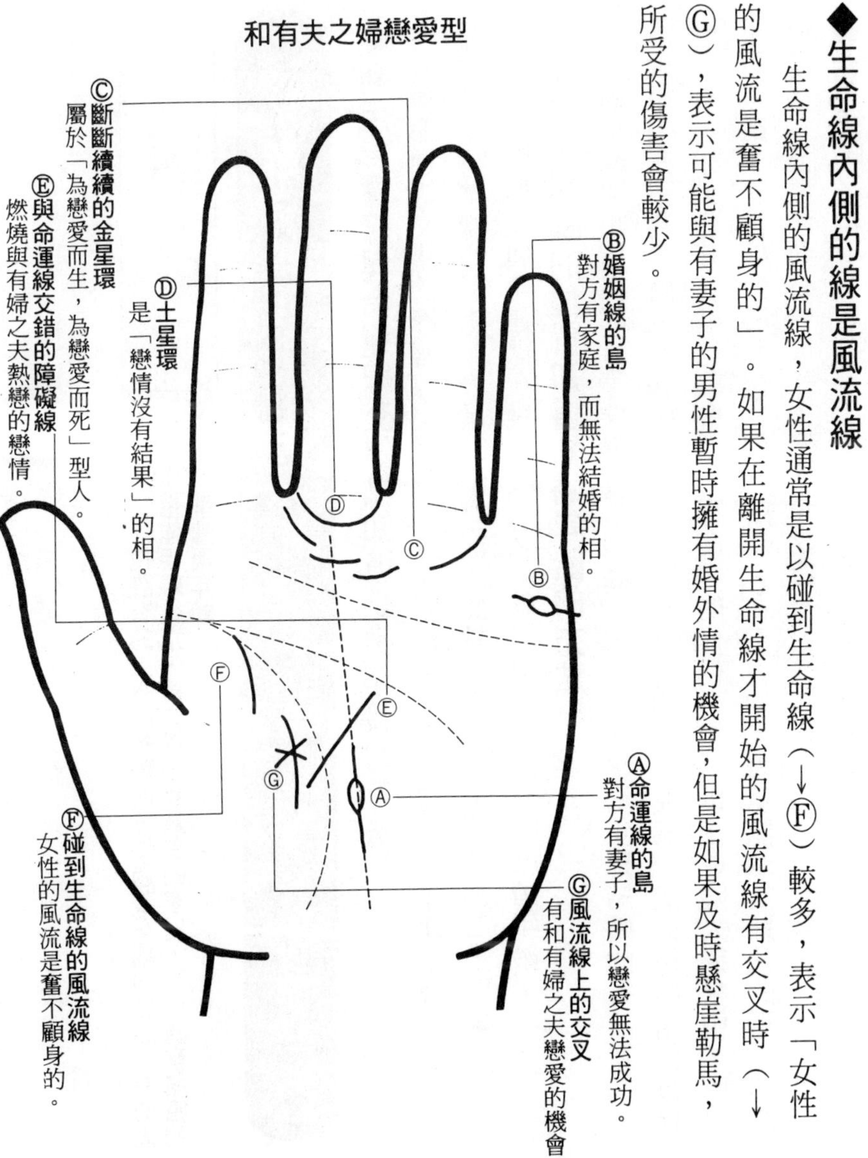

結婚運

也許有的人會因熱戀而一生過著幸福的生活。有的人也能相親結婚，建立以子女為主的家庭，可以觀察結婚的型態與年齡。

了解結婚年齡的方法

◆利用影響線與命運線交錯點知道結婚年齡的方法

與命運線交錯的影響線出現時，意味著結婚。在命運線流年法中敘述過了。命運線與感情線交錯處，表示三十三歲。此點與手腕的中間點為二十五歲。

藉著影響線與命運線在幾歲時交叉，就可以知道大致的結婚年齡。

◆利用婚姻線的位置知道結婚年齡的方法

感情線與小指根部二等分處有婚姻線，表示會在平均年齡結婚的人，在其上為晚婚，其下為早婚。如Ⓑ所示，在中間點上方的人，在三十歲以後結婚的機會會到來，如果急著結婚也許會遇到宿命中的伴侶，結婚以後會陷入戀愛中，所以不要焦躁，一定要耐心等待。如Ⓒ所示，在下方的人表示能步上紅毯的那一端的戀愛機會很早會到來，也許初戀就能成功。

◆有子嗣之相

前文中介紹過，感情線上朝向小指延伸的子女線（→Ⓓ），拇指根部出現鎖狀的家庭環（↓Ⓔ），都有子嗣之相。如果在婚姻線上出現直紋路（↓Ⓕ），為能擁有子嗣的幸福婚姻。

了解結婚年齡的方法

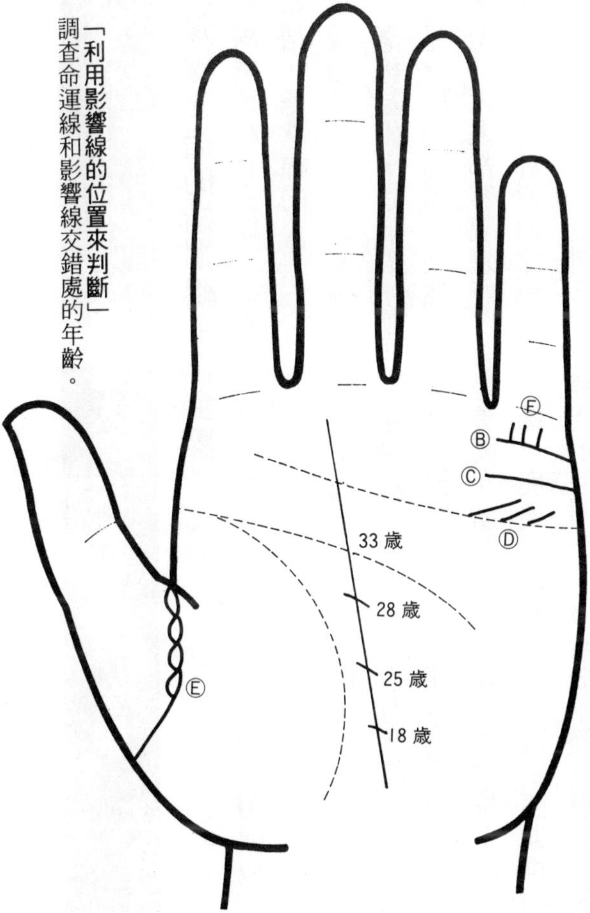
「利用婚姻線的位置來判斷」
婚姻線距離感情線較近會早婚，距離小指較近會晚婚。
Ⓕ
Ⓑ
Ⓒ
Ⓓ
33歲
28歲
25歲
18歲
Ⓔ
「利用影響線的位置來判斷」
調查命運線和影響線交錯處的年齡。
Ⓓ子女線
Ⓔ家庭環
Ⓕ出現在婚姻線上的直紋路
ⒹⒺⒻ都是有子嗣的幸福手相。

金鑾相——婚姻線到達太陽線的人會作金鑾

◆與太陽線交錯的婚姻線會作金鑾

婚姻線越長越有良緣，是能夠和自己所喜歡的人結婚的相思相愛型。結婚後仍綿綿長情，是幸福的人。

如果長的婚姻線到達太陽線為止（↓Ⓐ），表示有可能會嫁給有錢人或和大公司的小老板結婚，是前人所謂的「金鑾線」。如果男性有此線，也許以往的運不好，可是會因為結婚而突然開拓運勢，提升工作運，擁有幸福的婚姻運。

這類型的人大都容貌姣好。曾是美國女演員，後來成為摩納哥王妃之已故的葛莉斯凱莉；以及甘迺迪總統死亡以後，與希臘的輪船大王歐納西斯再婚的賈桂琳，都是有這種手相。此外，婚姻線上的星星（↓Ⓑ）表示經過戀愛以後結合，這段婚姻能夠使經濟和人性的成熟度都成長之相。

◆與命運線交錯的影響線為熱烈結婚型

命運線上有影響線交錯時（↓Ⓒ），表示能夠遇到理想的異性，聽到意中人熱情的愛的告白，成為神仙眷侶。如果線上有星星（↓Ⓓ），為年輕時辛苦，結婚以後卻會得到幸福之相。

◆感情線上下支線較多的人是富有魅力的人（↓Ⓔ）

開朗積極，是讓人乍見之下就喜歡的人，會有很多熱情的追求者而難以選擇其中的一位，自己也比較花心。

金鑾相

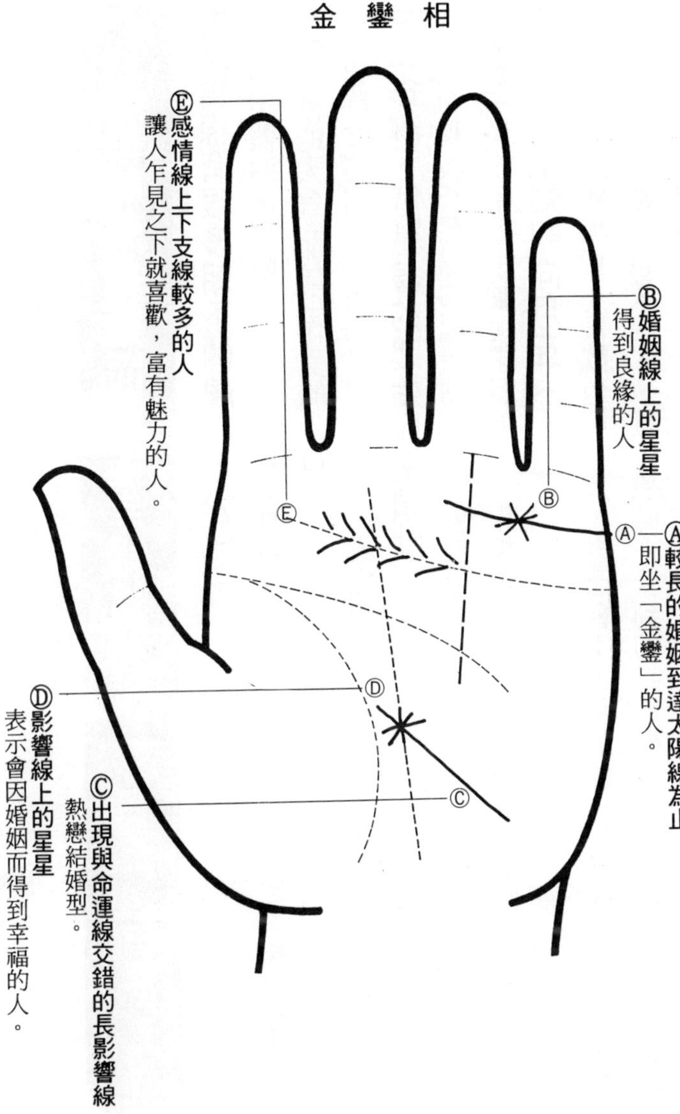

經由相親結婚而掌握幸福之相

◆感情線有很多朝下的線（↓Ⓐ）

溫柔體貼，有點害羞、神經質的性格，會考慮到他人的想法，但是根本不會想到喜歡的人會向自己作愛的告白。

也許會經由父母親或上司的安排，或經由友人的介紹而得到幸福的婚姻。

◆生命線、智慧線的起始處呈鎖狀

生命線與智慧線的起始點分岔，會自己發現對象。這部分呈鎖狀（↓Ⓑ），會猶疑不決，不敢主動追求對方，不靠相親或介紹，恐怕沒有結婚的機會。

◆智慧線末端朝向月丘（↓Ⓒ）

浪漫而脫離現實，喜歡想像的人，自己會塑造理想像，為等待「白馬王子」出現型，所以婚期也較晚。一旦失戀時，受到的打擊極大。對音樂、繪畫等藝術的天分極佳，結婚以後持續保持這些興趣，在婚姻生活中是必要的。

◆沒有影響線

表示是否會受到異性關心的影響線並不會出現在任何人手上。沒有這種線的人對於戀愛與婚姻非常害羞、膽怯，好不容易才有的機會都會弄砸了。

不拘泥於戀愛結婚，是能夠靠著相親而掌握幸福的人，很少有遇到理想意中人的機會，因此覺得寂寞。

相親、介紹型結婚

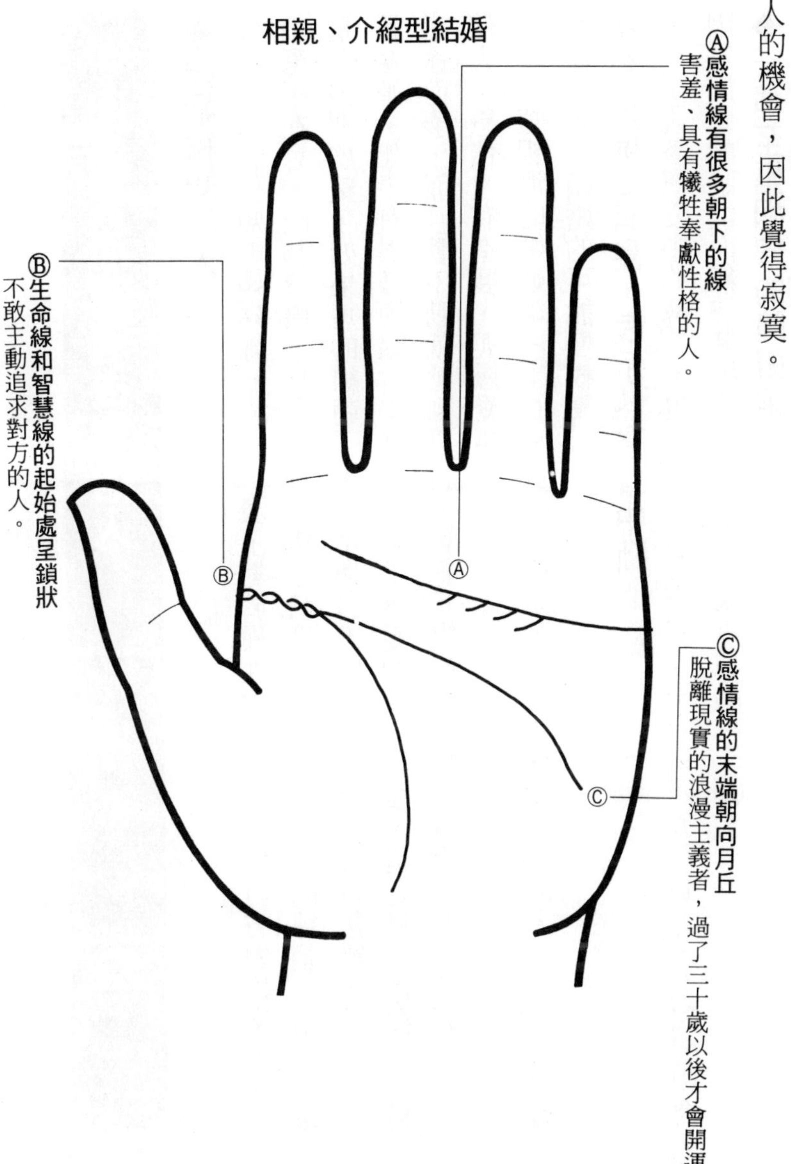

因迷惘而錯過機會的人

◆婚姻線短的人

只有一條短的婚姻線（↓Ⓐ）表示對於異性太乾脆，即使對方對妳深感興趣也毫不在意。因為時機不吻合，容易錯過結婚的機會。如果短的線朝上則表示還是有婚姻慾望，如果短的線朝下，表示與對方的波長不合而變得焦躁，並暗示很難結婚。如果有很多短線（↓Ⓑ），表示戀愛的機會雖多，但是無從選擇，容易半途而廢，而且動不動就感到厭倦，會把焦點轉移至他人身上，無法執著於愛一個人。戀情沒有進展，與戀愛無緣。

長短相混的婚姻線（↓Ⓒ）表示忽冷忽熱，反覆任性戀愛的人。如果長線有光澤，表示結婚的可能性較高。

◆金星環上有島，表示熱戀會中斷

訴說著戀愛中的麻煩。也許是因為對方有妻子而只好放棄對方，在熱戀中會因為周圍的狀況而無法結婚的人，就會出現這種島（↓Ⓓ）。

◆延伸至婚姻線的障礙線（↓Ⓔ）

也許會遭到父母親的強烈反對，而必須作出痛苦的選擇。即使沒有受到阻力，也會因為經濟問題或婆媳問題而非常辛苦。

◆有島的影響線（↓Ⓕ）

已經論及婚嫁卻不得不分手，會深愛一個人卻受到反對，心中留下深深的傷痕。

因迷惘而錯過機會的人

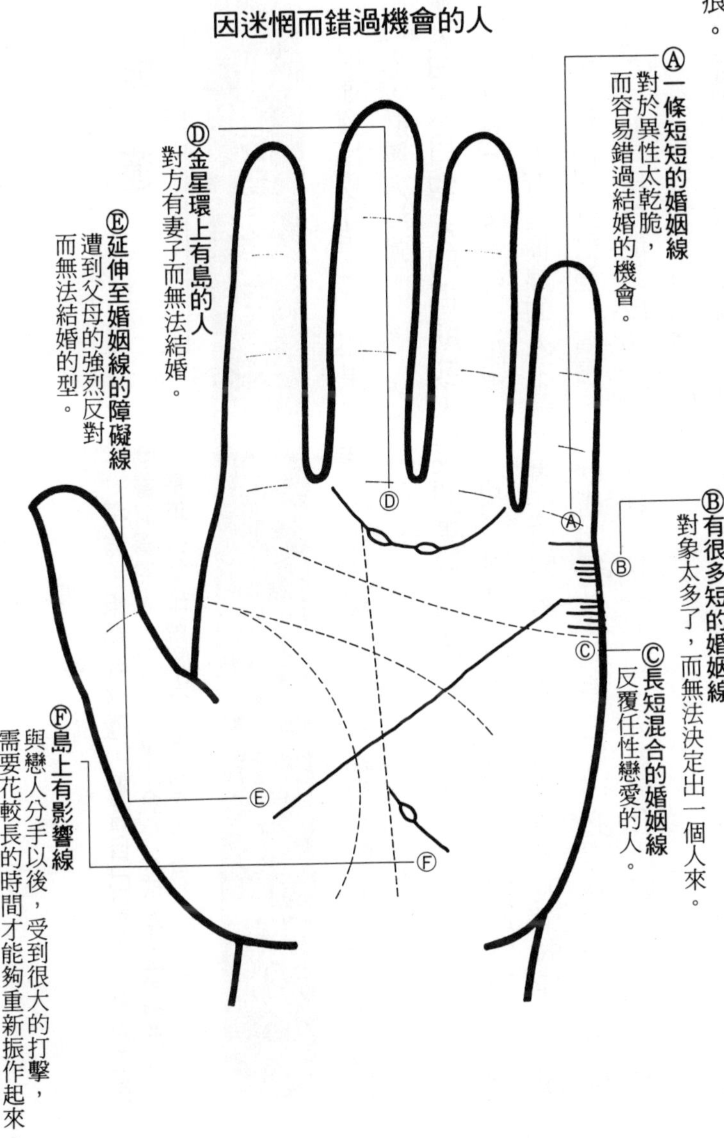

財運

根據手相調查財運，看看自己是屬於努力工作儲蓄財富的人，或是一攫千金突然成為大富翁的人，或是獲得父母親龐大遺產的幸運者。

財運出現在手上——得到他人援助而掌握財運的人

財運會出現在手上，如果命運線、太陽線、財運線都沒有斷裂，而且長而清晰的人，財運力最強。

◆利用來自他人的協助或人緣而掌握財運的人

命運線（↓Ⓐ）或太陽線（↓Ⓑ）由月丘開始的人，個性極富魅力，是很有人緣的人。有這種線的人不論從事任何職業，都能得到上司或前輩的提拔而開運，結果也能提升財運。演員、餐飲店、精品店經營者等，必須要獲得人氣支持的職業，有這線就能夠成功。如果有貴人線（↓Ⓒ），表示有援助者，在陷入窘境時，一定會得到對方的慷慨解囊。

◆藉著親戚的援助而開拓財運的人

如Ⓓ所示，命運線從金星丘就開始時，是能夠藉著父母親、配偶或親戚的援助，而提升財運的人，尤其金星丘有星星，命運線從此處開始，表示能得到父母親龐大的遺產，一生都不必擔心金錢的問題，非常幸運。

得到他人援助而開運的相

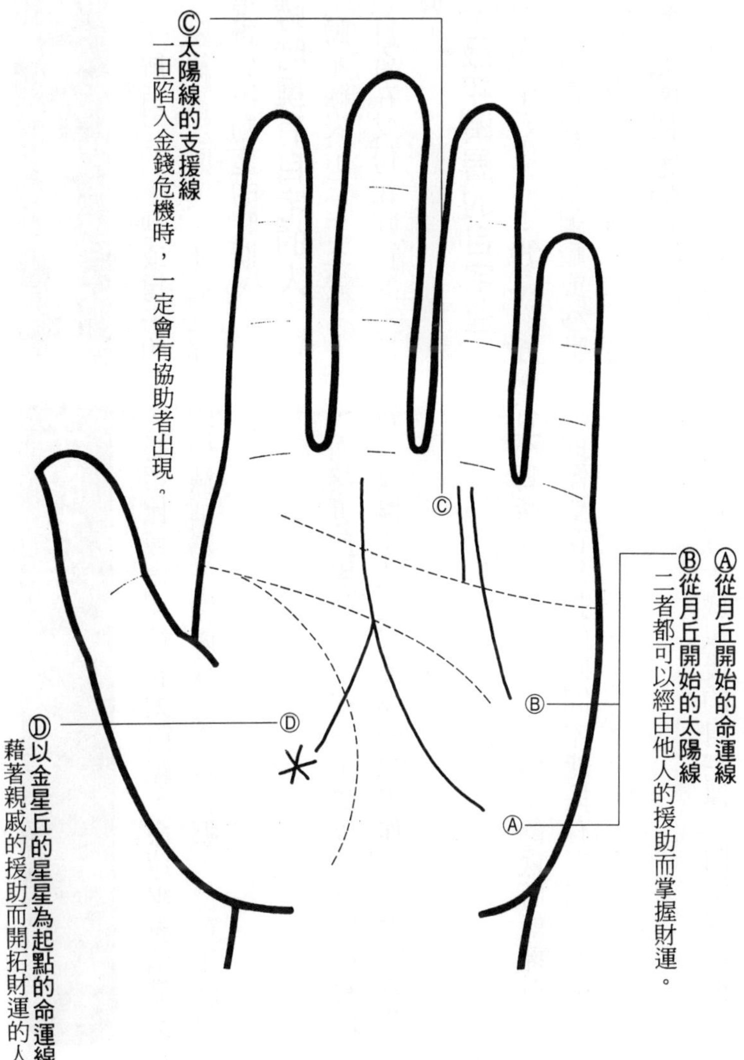

知道何時擁有自己房子的方法

要了解自己的土地或房子的運，必須比較命運線和太陽線，命運線表示職業運，太陽線表示財運，連結二條線的橫線稱為不動產線。由線在哪一位置，就可以知道得到不動產的時期。

◆年輕時擁有自宅的人

不動產線表示三十三歲（↓Ⓐ）而接近此處的人，在三十歲以前就能擁有自宅。也許會在父母親購買的土地上建立家園；或是夫妻倆一起工作，合力購買公寓大廈。

◆四十歲年齡層的自宅運

表示四十五歲（↓Ⓑ）附近處有不動產線的人，表示在四十餘歲時能擁有自宅。一般而言要持續調職或移動，因此需要花較長的時間才能擁有自宅，但是還是可以建立自己的家園。

◆擁有二間自宅的相

在其上方有這條線的人（↓Ⓒ），表示五十歲以後的自宅運。即使不住也可能擁有別墅等二棟以上的住家或土地。不動產線二條以上時，表示不動產運非常好，可以以此為基礎，掌握更大的財運。

◆沒有不動產線的人

無法擁有自宅或容易改變住所的人。此外，有錢卻不喜歡購買自宅或租屋居住。因為工作而經常調職至海外，錯失購得自宅機會的人也是屬於這種手相。

何時擁有自宅

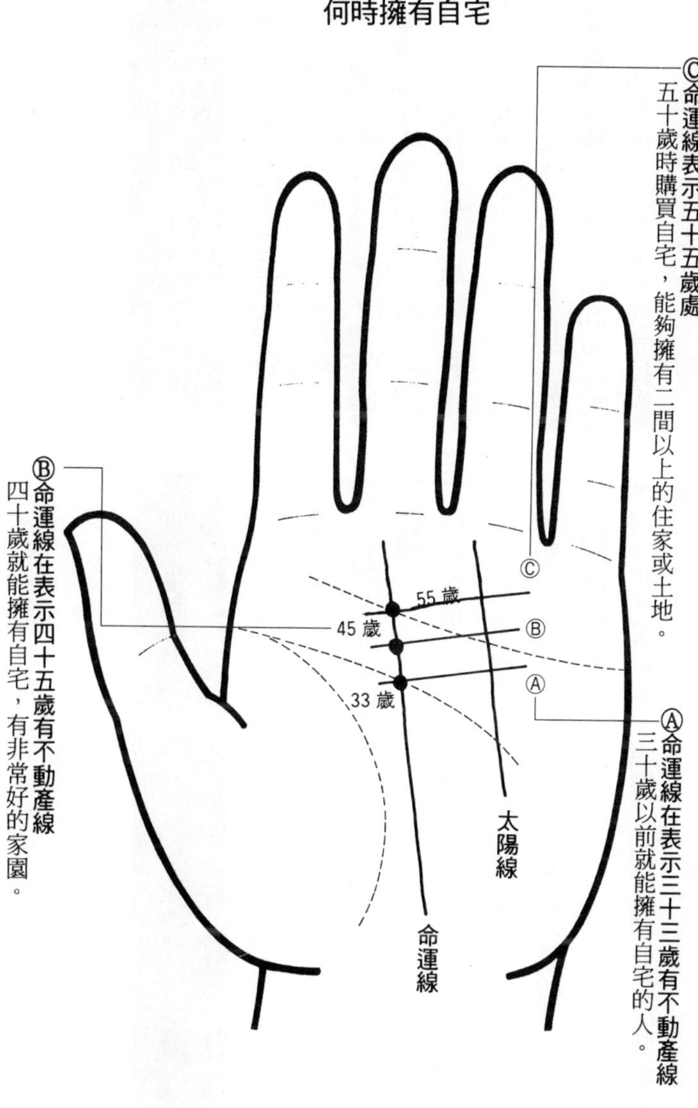

擁有意外之財的手相

◆升掛型的人是幸運者

橫切手掌的「升掛」（↓Ⓐ）的人，像秀吉便是這類型的人，是「大幸運」的象徵。奈良大佛的手也有這種紋路，自古以來就被視為幸運的象徵。

◆掌握出乎意料之外的財運的星星

太陽丘出現星星（↓Ⓑ），表示會有意想不到的機會或幸運到來，而且特別是與財運和才能有關，可能會在賭博或炒股票時得到一大筆金錢，或是借給別人的錢在別人奉還時，多出了好幾倍的金額。出現星星時，可以簽六合彩等。

◆智慧線的支線朝向水星丘時，財運會提升

如Ⓒ所示，如果在智慧線中途有朝向小指朝上的線出現時，表示財運較強的時候。除了金錢以外，連寶石、不動產等財產都會增加。想要的東西別人就會送給你，或是在想要錢時可以簽六合彩。如果雙手都出現，表示大部分的願望都能夠達成。

◆表示財運的太陽線

太陽線（↓Ⓓ）表示掌握幸運才能的線，越長表示越能擁有幸運和財運。如果朝向財運線（↓Ⓔ）和命運線（↓Ⓕ）延伸時，表示在金錢和物質方面都能

獲得大成功。原本是為了興趣而經營的店可能會受人歡迎，成為億萬富翁並非夢想，是具有強大運勢的人。

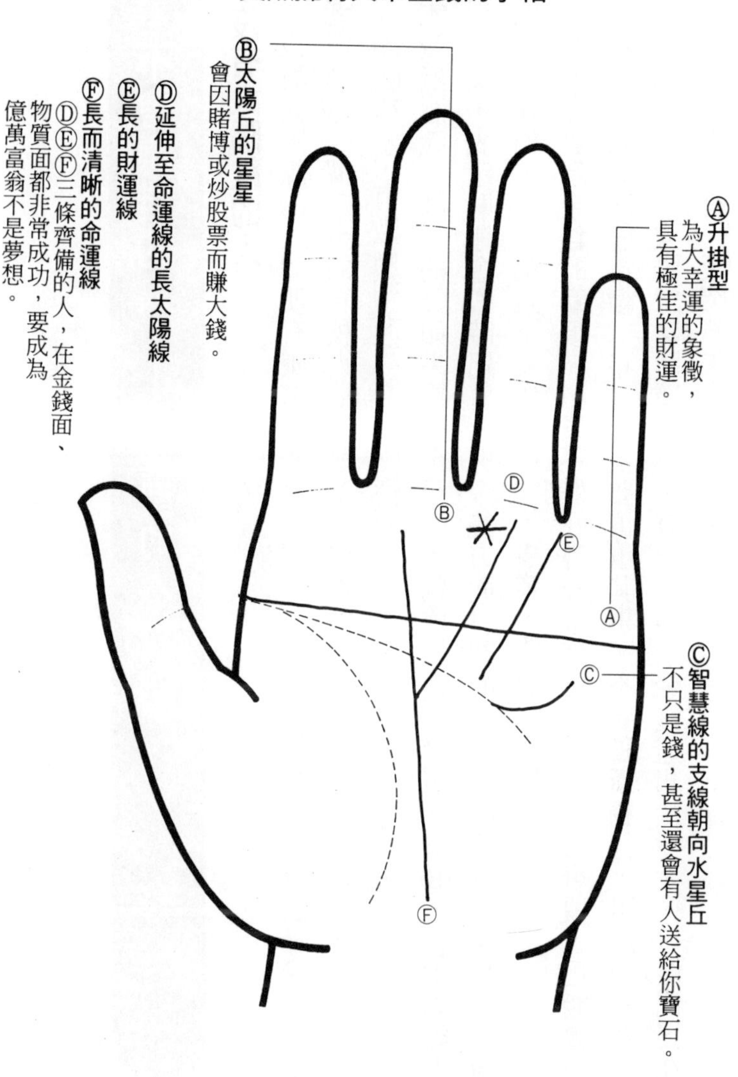

不會賺錢的人——浪費型的人

◆沒有太陽線的人

沒有太陽線的人即使有賺錢的願望，卻無法擁有好的構想而無法賺錢。這類型者與其作一攫千金的春秋大夢，還不如篤實考慮確實的賺錢方法較好。

如Ⓐ所示，有數條細而短的太陽線的人，是浪費型的人。認為錢存起來不用，根本毫無意義，賺到的錢如果不完全花完，就會覺得不舒服。如Ⓑ，在太陽線上出現交叉，表示財運會暫時絕望。與金錢方面有關的是屬於凶運，這線是變化極大的線，在消失以前絕對不要作投機性的事業，要靜觀其變。

Ⓒ的島表示金錢的麻煩。如果不好好遵守金錢借貸或約定的事項，可能會失去信用。蕭條的狀態持續二年，一定要慎重其事。不要獨斷獨行，可以向長輩請益，以開拓道路。太陽線斷斷續續（↓Ⓓ），表示金錢運起伏極大。可能沉浸在順利的生活中，有一天突然失去了一切。

◆生命線彎曲度較小的人

如Ⓔ所示，生命線的彎曲度較小的人個性消極，沒有財運。與其渡危橋掌握財運，還不如努力賺錢，過著較平均的生活，這些人拇指比較小，想要主動拓展慾望的財運不足。

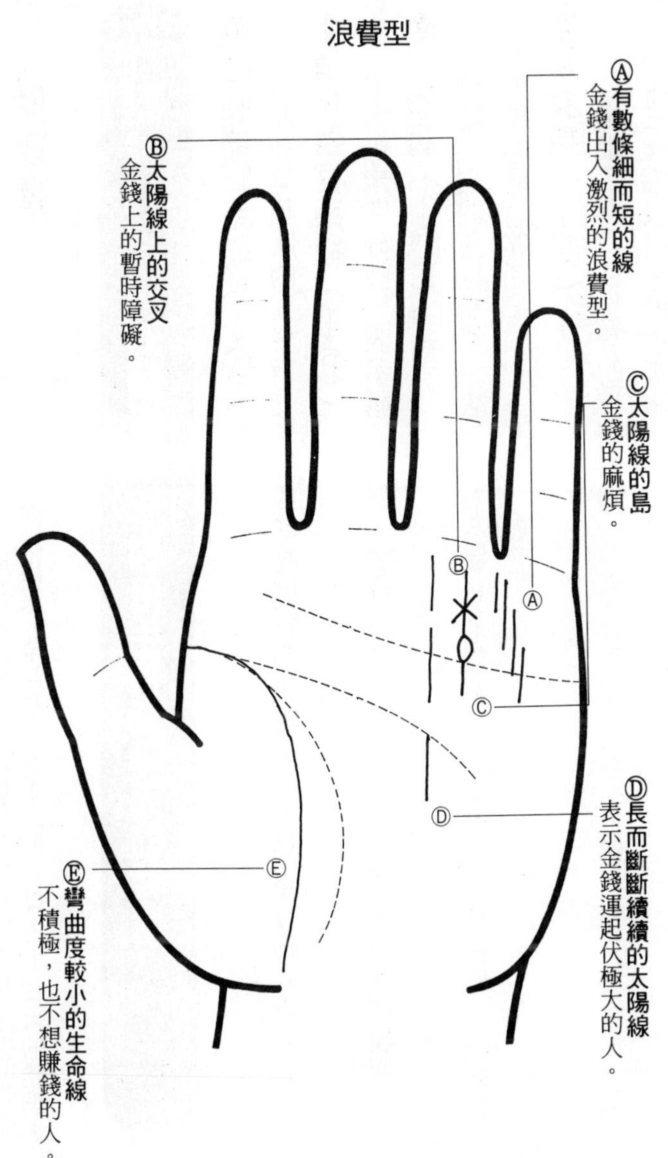

健康運

身體的體調可以藉著手掌的色澤和紋路的變化表現出來。早起時檢查手，就可以占卜當天的體調。

記號和疾病的關係——利用手檢查每天的健康

◆呼吸器官系統（↓Ⓐ）

這部分呈鎖狀的人表示支氣管或呼吸器官系統較弱，容易感冒和疲倦。

◆消化器官系統（↓Ⓑ）

生命線末端分歧，表示腸胃不好。若持續過著不規律的生活，會弄壞腸胃。

◆心臟病（↓Ⓒ）

感情上短的直線交錯，表示具有先天性心臟病。如果有交叉或黑點，表示可能會因狹心症而猝死。

◆婦女病（↓Ⓓ）

小指根部與女性特有的疾病有關。這部分的交叉表示生理不順的女性，如果有二、三條細紋路，表示腰痛。

◆眼或腦的疾病（↓Ⓔ）

腦出現毛病時，智慧線會產生變化。這線斷斷續續或出現交叉，是腦腫瘤的徵兆。島出現則表示病情嚴重。

◆肝臟病（↓Ⓕ）

月丘部分的血色不良，或有交叉時就必須要注意了，這部分如圖所示，出現幾條與手腕平行的橫線的人，表示有肝臟障礙。

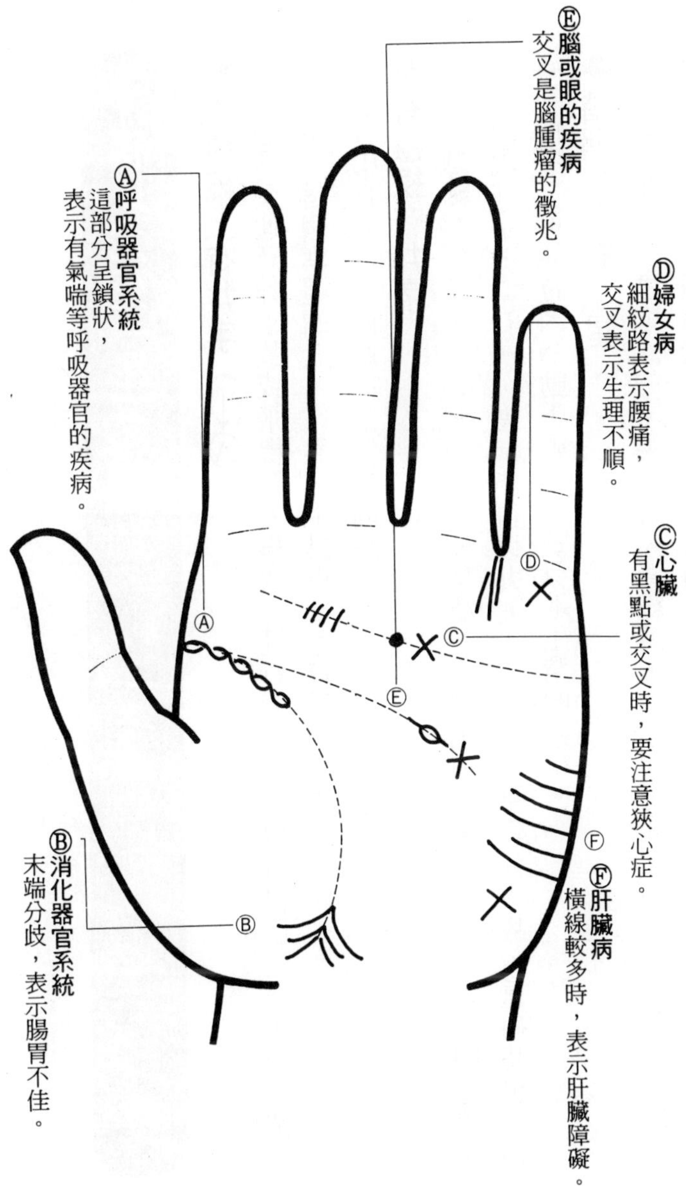

得以九死一生之相

◆生命線上有井字（↓Ⓐ）

遇到交通意外事故或飛機意外事故。同行者死亡，只有自己受傷，但是卻能活下來，是個幸運的人。當然，不見得一定會遇到這些大事故。

如Ⓑ所示，前端朝向內側彎曲時，就不能保證能倖存了。

◆智慧線有井字

智慧線的交叉（↓Ⓒ）表示意外事故，尤其出現在末端時，是生命的危機。但若出現井字（↓Ⓓ），表示能得以九死一生，不只是意外事故，重病時也是相同的情形。可能會因為動手術而奇蹟似地生還的手相。

◆婚姻線上有星星

如Ⓔ所示，婚姻線的末端出現障礙線時，表示與配偶死別。如Ⓕ所示出現星星，表示能夠克服障礙，過著比以前的生活更幸福的人。遭遇山難而感到絕望，有這種手相的人，想到自己所愛的人最後就被救出來了。

◆有神秘的十字（↓Ⓖ）

信仰能夠解救一切，瞬間的靈感能夠化解危機。神秘的十字是讓人覺得神秘、神奇的線。

◆雙重所羅門環（→Ⓗ）

與所羅門王的名字相同。即使遭遇地震或災害等預料不到的不幸，自己卻能夠得到救助，是甚麼原因不得而知，會有一些令人難以置信的經驗。

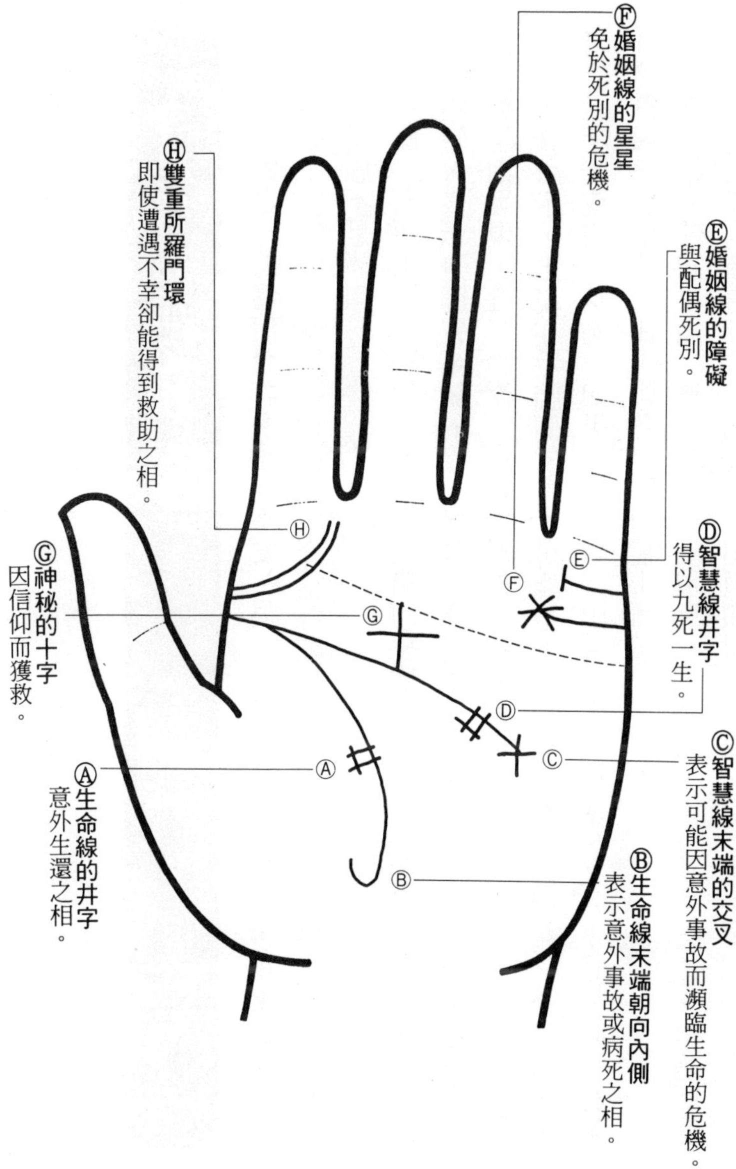

容易得癌症之相

現代病之一的癌症令許多感到不安。很久以前就有人嘗試用手相來發現癌。最近英國所發行的『醫學手相術』，介紹各種癌患者的手相，觀察手的紋路時，早期發現癌不是夢想。

在此，介紹出現在手相上最普遍的癌的特徵。在生命線的末端出現如Ⓐ的島型紋路時，表示是腸胃系統的癌。尤其這島出現三個以上時，也許是惡性癌。但是如果早期發現，確實治療。這島會消失，非常神奇。

如Ⓑ所示，出現在手腕側的島，可能是下半身有癌性疾病存在。一般而言，可能是膀胱或前列腺癌。如果在月丘附近出現水平的島或交叉（↓Ⓒ）時，必須注意肝臟系統的癌，出現黑色斑點可能很難消失。

在小指根部和小指、無名指中間出現島（↓Ⓓ），可能是子宮癌。但是即使是專家也很難判斷這部分的島，因此出現類似島的紋路時，也不要感到不安。

這一類惡性疾病出現在手相時，只有一處惡化的情形比較少，其他部分通常也會出現異常的訊息。整體比較手相來判斷比較理想，因此要定期紀錄手相，觀察到底出現了何種變化。

容易得癌症的手相

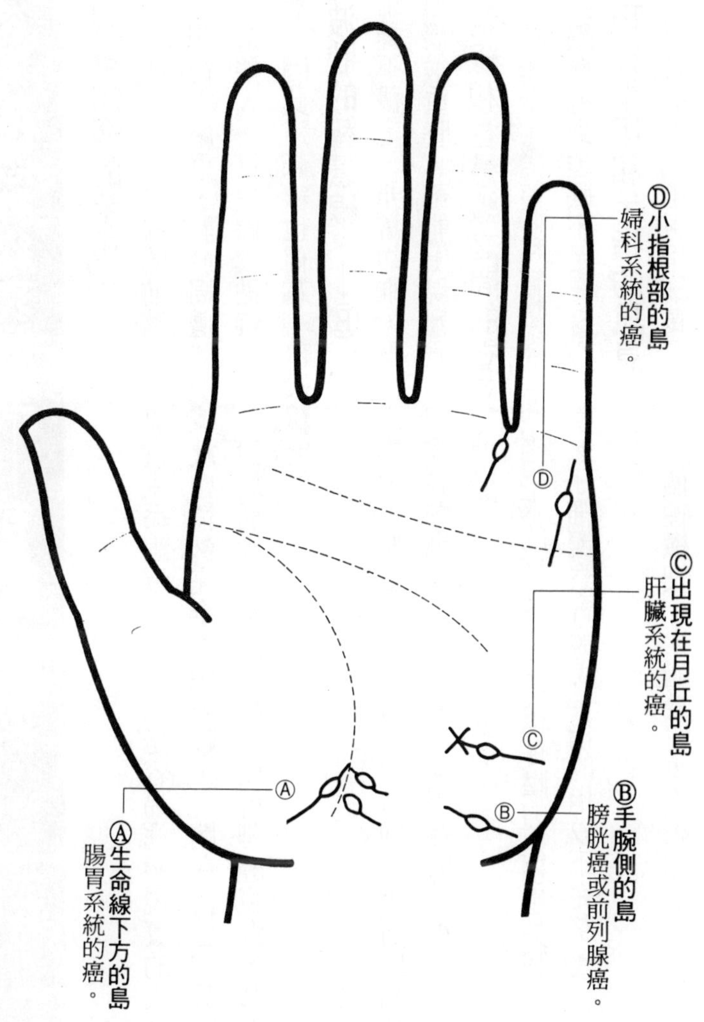
Ⓓ小指根部的島
婦科系統的癌。
Ⓓ
Ⓒ出現在月丘的島
肝臟系統的癌。
Ⓒ
Ⓑ手腕側的島
膀胱癌或前列腺癌。
Ⓑ
Ⓐ
Ⓐ生命線下方的島
腸胃系統的癌。

容易罹患神經衰弱型——有嚴重煩惱型

◆有嚴重煩惱的手相

如Ⓐ所示，智慧線的前端極端靠近生命線彎曲的人，是容易逃避現實的人。把事情想得太嚴重，對於周遭狀況或社會情勢完全不感興趣，封閉在自己的殼中的人。這些人一旦失戀或被背叛時，對於前途會感到悲觀，變得神經衰弱，甚至會自殺。因此這條線也稱為「自殺線」。

◆呈波狀的智慧線（↓Ⓑ）

精神不穩定，非常幼稚，思緒不集中，無法決定出目標與方向，因而感到煩惱。煩惱嚴重時，可能出現輕微的神經衰弱現象，很容易接受不好的暗示。

◆感情線和智慧線之間的交叉

如Ⓒ所示，感情線和智慧線之間出現大的交叉，表示積存壓力，罹患失眠症。長期持續會導致睡眠不足，身心疲累。仔細觀察會發現十指的指紋不完整。

◆出現在指甲和手指的訊息

手指長的人或指甲呈細長形的人，個性纖細。大過於注重人際關係，對於事物容易改變心意，焦躁的傾向較強。一旦積存壓力時，手指和指甲會產生變化。

如圖所示，指尖的部分出現橫紋，這是非常清晰的龜裂線。此外，還有出現在指甲上的橫線（↓Ⓓ）。承受很大的壓力時，會形成暫時的刺激，抑制指甲的發育，而在指甲上出現這些橫紋。

容易罹患神經衰弱的人

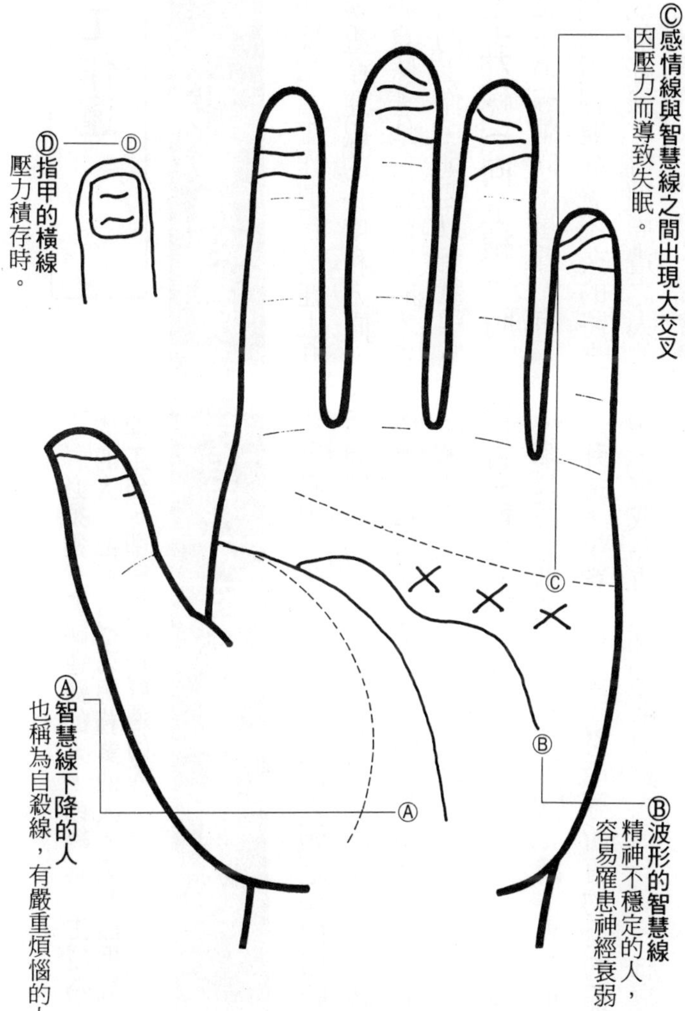

工作運

必須獨立開闢運勢的人，或終其一生成為上班族的人，或適合從事服務業的人。還有最近經常轉換工作，卻能夠開拓好運的人。

工作可以掌握好運嗎？——目前工作在上升運或下降運時

想要知道工作運目前在上升中或下降中，將來是否能夠出人頭地等問題時，可以檢查命運線的長度和方向。表示周圍援助之太陽線的有無也很重要。同時也要調查意味著地位和名譽的木星丘的發達程度，和木星丘的線及記號。要知道適合自己的工作，則要以智慧線為重點來調查。

◆有上升線（向上線）時，表示是晉升的機會

從生命線朝向木星丘，有一、二條長而清晰的上升線（→Ⓐ）時，表示正在走上坡。這線意味著不久的將來的上升運，生意、地位、財產等所有的目的都能夠達成的好線。得到周遭之人的信賴，會成為重大計劃的負責人，升級考試會及格，比同期的人先升級的機會會到來。

◆必須注意的下降運相

如Ⓑ所示，在中途變細或斷裂的命運線，表示對於現在的生活或工作不滿意，因此會焦躁，朝向不好的方向發展。不知道該做些甚麼事，考慮太多而使機會逃

脫。要稍微有點自信，知道壞事不可能永遠持續下去，敞開心扉才是明智的作法。

上升運與下降運

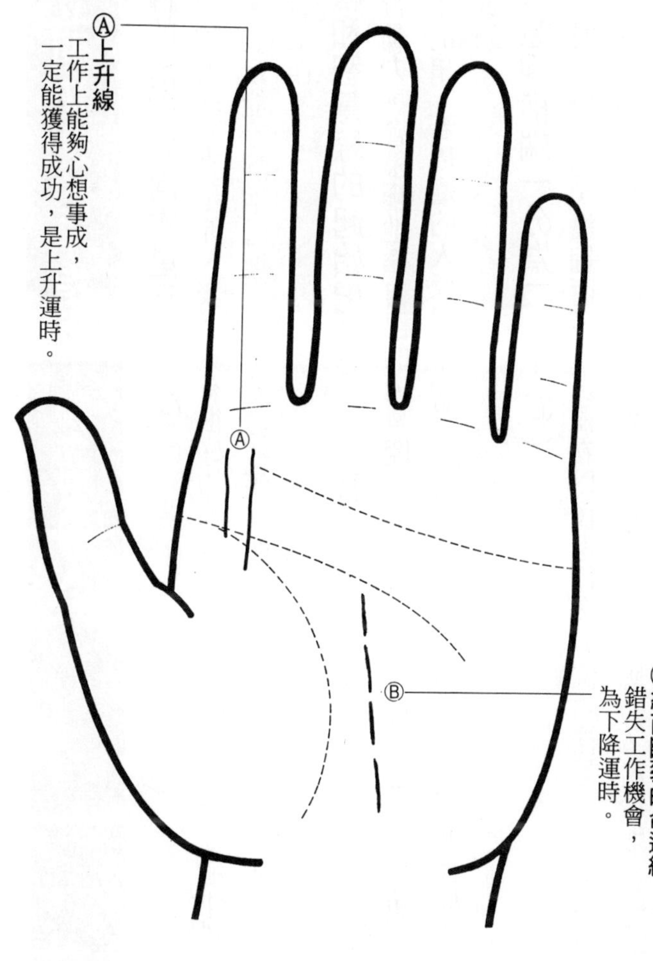

獨立開拓運的手指——獨立型的人

◆感情線的前端朝向木星丘（↓Ⓐ）

感情線的前端一直延伸，表示具有很好的判斷力。如Ⓐ所示，一直延伸到木星丘為止，表示能冷靜地處理事物，能發揮領導能力。不適合在他人手下工作，最好自己有工作。

◆生命線和智慧線的起始處分岔（↓Ⓑ）

富有行動力，會積極地靠自己的力量開拓運的人，富於冒險心，不服輸，一旦作好計畫的事，若周遭的人反對，也會強行付諸行動，是幹練的人，個性極強，討厭向人低頭。

◆雙重智慧線前端一分為二（↓Ⓒ）

富有卓越的行動力，纖細而謹慎，獨立以後進行多方位的經營，一定能夠獲得成功。此外，前端一分為二的智慧線表示具有豐富的適應力，對於他人的好惡並不偏激，開始進行事業也能獲得成功。

◆有反抗線（↓Ⓓ）

非常討厭受到他人的命令，不拘泥於公司的規則，有堅強的意志與行動力，好像是「一匹狼」。但是偶爾還是需要側耳傾聽上司和長輩的意見。

◆長的命運線（→Ⓔ）與上升線（→Ⓕ）

配合獨立的氣運來提升運勢時，需要長而清晰的命運線，此外，有上升線表示非常積極，即使在遇到挫折時，也能想出上升方法之努力型的人。

獨立開拓運的手相

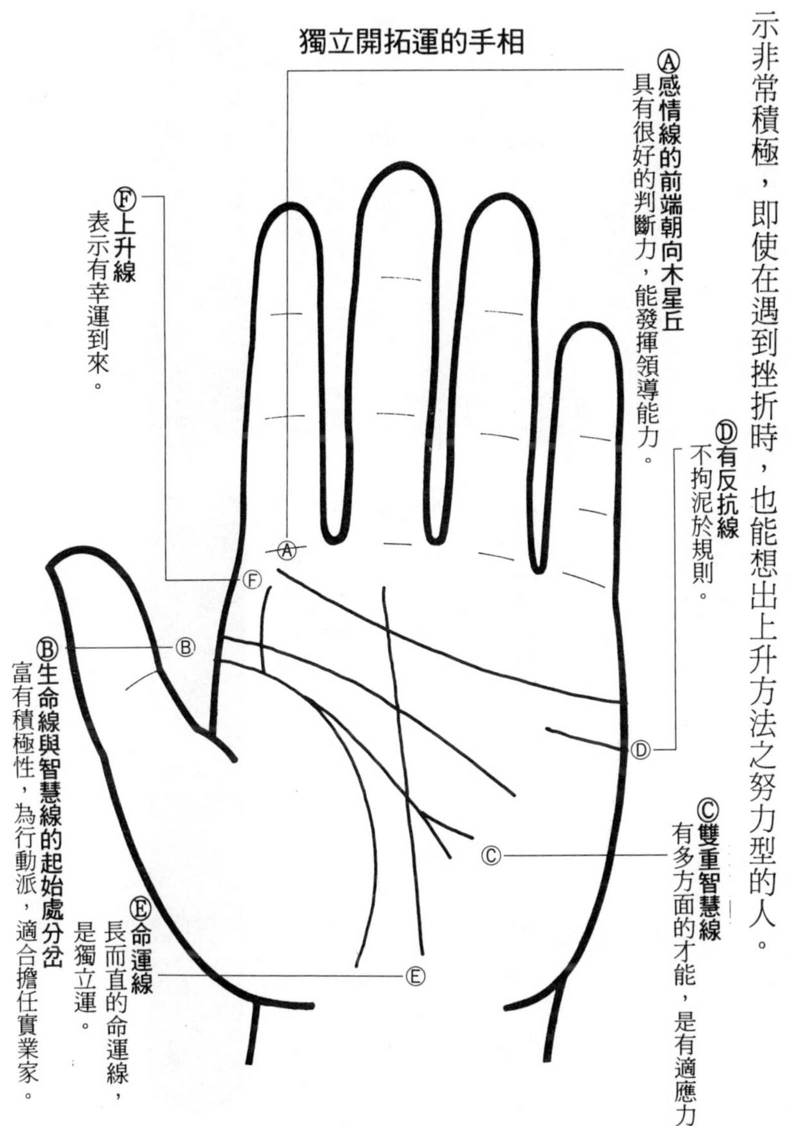

容易被裁員相

有能力卻會被裁員，無法發揮力量的人很多，這些人的手相到底具有哪些特色呢？在此來看看。

◆檢查伸出手的方式

由伸出手的方式也能夠看出一個人的性格。手指張開的人是屬於開放，有外交性格的人。反之，手指併攏，尤其拇指朝向內側的人，是較膽小，即使在工作上有不滿也不表現出來的人。即使成為上司的犧牲品或對工作有所不滿，也會壓抑自己，不會表現出來，因此容易被裁員。

◆檢查食指的長度

食指極短，如Ⓐ所示的人缺乏自信，容易迷惘，該說的話不敢說出來，因此會成為他人的犧牲品。在公司考慮裁員的時候，首當其衝地會被裁掉。

◆感情線朝下的支線（↓Ⓑ）較多

遵從上司的命令，為公司而努力，但太擔心小事，具消極性格。景氣不佳時，只想到不好的一面，變得更膽怯。這時，公司當然會優先考慮積極開朗的人。

◆命運線從金星丘伸出的人依賴心極強

如Ⓒ所示，命運線從金星丘伸出的人依賴心極強，是無法不依賴父母親的人。孩子會持續走父母親的路，無法培養自立心。即使被裁員也不認為是很嚴重的事，還可以回到父母親的身邊。

容易被裁員相

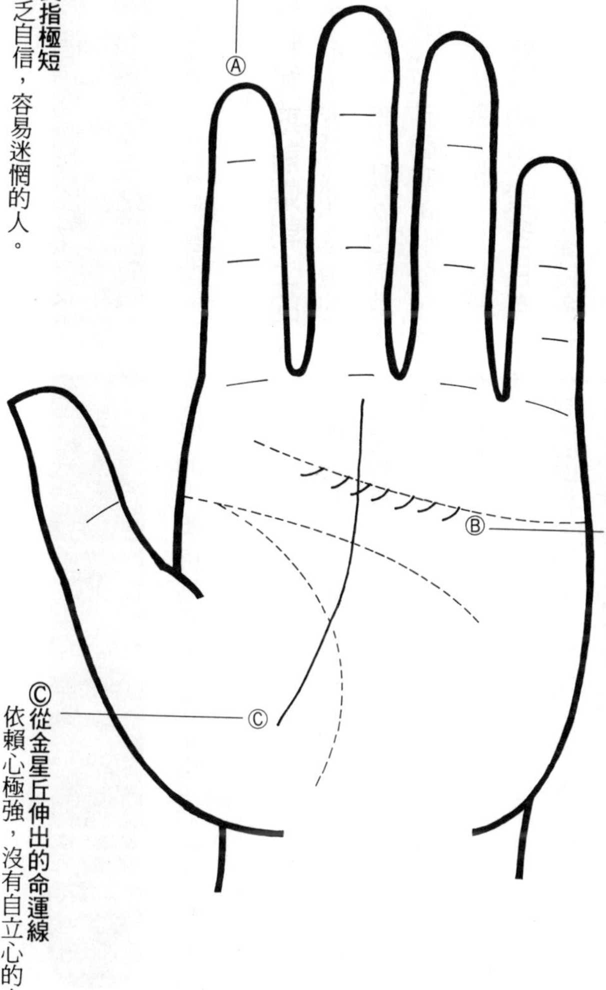

Ⓐ食指極短
缺乏自信，容易迷惘的人。

Ⓑ感情線朝下的支線較多
想法消極的人。

Ⓒ從金星丘伸出的命運線
依賴心極強，沒有自立心的人。

容易受騙相

金錢慾太強，容易被騙型。沒有慾望的人不會被騙，這些受害者的手相具有特徵。

◆智慧線較短或前端朝上的人

如Ⓐ所示，智慧線非常短的人是判斷力較差，會輕易相信一些不合理的話，非常單純幼稚，動不動就相信他人，為這種線的人的特徵。

如Ⓑ所示，前端朝向水星丘時，表示對於金錢的慾望極強。這時即使覺得有點奇怪，但是因為被慾望所迷惑還是會受騙。

◆感情線朝下的線較多且有島的人

如Ⓒ所示，朝下的支線較多的人個性溫和，對於自己相信的人會竭盡忠誠，絕對不會拒絕別人所請求的事情。願意當保證人，甚至拿自宅為別人擔保還會覺得不夠意思。感情線朝下的線較多且有島（↓Ⓓ）時，表示會被自己所相信的人背叛，而遭遇悲劇。

◆太陽線上有島時（↓Ⓔ）

投機性地購買未開發的高爾夫球場會員證或外國的別墅，結果卻被騙，連退休金等都失去的人，會出現島或交叉，購買大物件時一定要謹慎地調查。

◆有橫線時（↓Ⓕ）

喜歡自由的人出現橫線，表示不聽他人的忠告。一味追求快樂，不喜歡賺錢，因此容易被甜言蜜語所騙。

容易受騙相

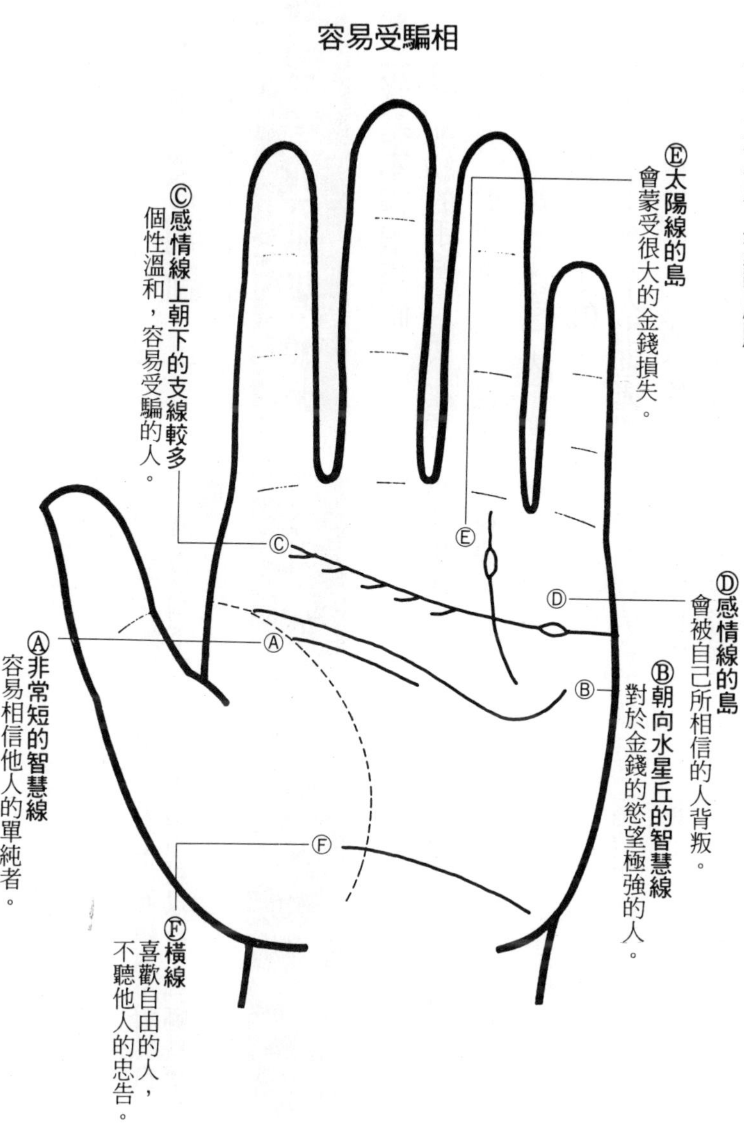

手相綜合判斷

因為工作而煩惱的男性手相

二十八歲男性的手。因工作而煩惱，對於自己的將來感到不安時，從手相中可以占卜到哪些事項呢？

◆三條基本線很清晰

沒有細紋的手相，是不在意小事的男性化的性格。三條基本線深而清晰，表示具有體力，即使罹患疾病也能立刻復原。

短的智慧線（→Ⓐ）表示樂天派，適合勞力而不適合勞心。

◆命運線較短（→Ⓑ）

命運線是了解個人出世運和何時能掌握機會的關鍵。這位男性手腕側沒有命運線，但是智慧線以上部分的命運線卻非常清晰。

由此推知，目前因工作而感到煩惱，在將近三十歲時運會上升，當命運線只有中心部清晰時，表示這人的運是中年運。

◆金運如何？

太陽線（→Ⓒ）較短表示沒有金錢運，但是不會隨便使用金錢。這麼短的太陽線，可以利用儲蓄來提升金運。

這手相最需要注意的是小指彎曲的部分（→Ⓓ）。小指彎曲表示腳或手臂的受傷或疾病。此外，智慧線前端出現斜的Ⓔ紋路，也象徵著受傷或意外事故。

因為工作而煩惱的男性手相

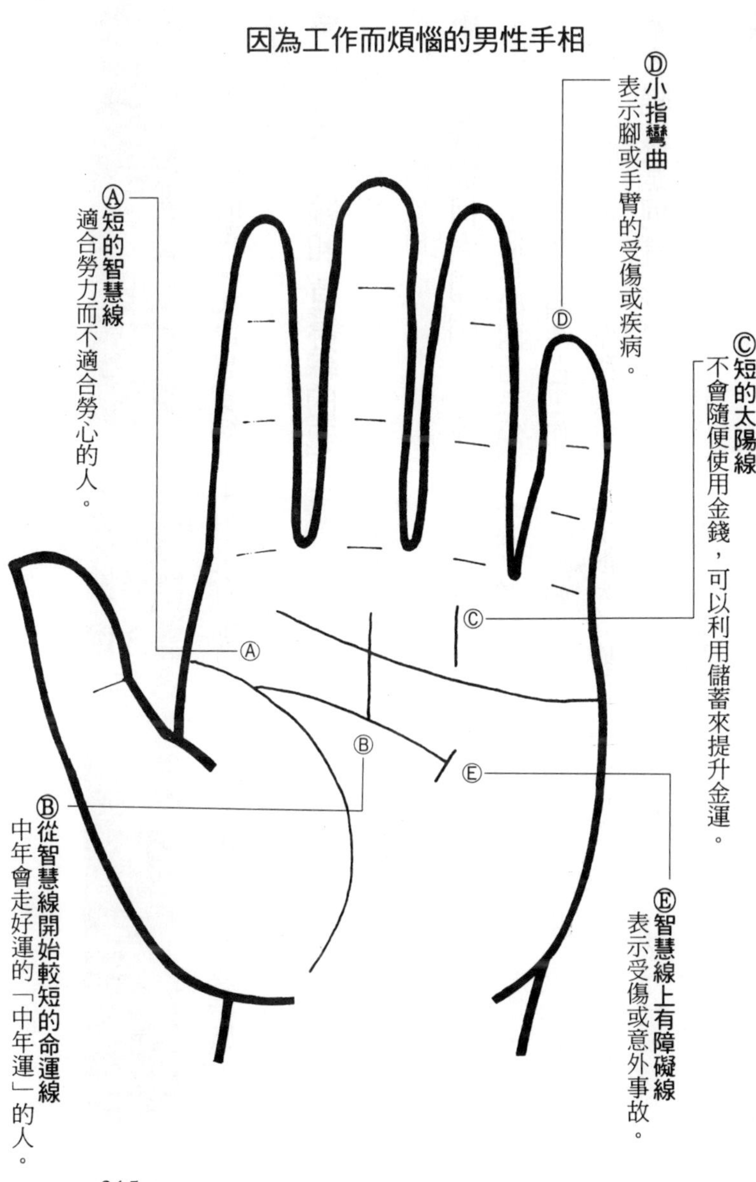

三十三歲的女性結婚能夠得到幸福嗎？

三十三歲的單身女性想要結婚，但是有機會嗎？到底要選擇工作或結婚呢？為此感到迷惘。

◆注意生命線和智慧線的起始處　生命線和智慧線的起始處分岔，因此具有行動力，頑固、喜於單獨行動。不會聽從他人的吩咐。這類型的人經常會有要結婚或工作的煩惱。

◆命運線從何處開始　命運線從生命線的中途（↓Ⓑ）開始伸展，這是努力家的象徵，從某個年齡開始燃燒獨立心。這條命運線一直延伸至感情線為止，接下來的幾年會把熱情傾注在工作上，而非婚姻上。命運線如　所示，又出現了一條，即婚前、婚後，工作和人生會產生很大的變化。

◆太陽線是何種形狀　如Ⓓ所示，太陽線的中途出現格子。這表示能夠應用構想賺錢，即使結婚也可以利用自己的工作來賺錢。

◆婚姻如何　婚姻線的起始處如　所示分岔，可能是先同居後結婚。有金星環（↓Ⓕ）的人，是臉蛋和身材都極富魅力的人。而且影響線（↓Ⓖ）較多，表示有很多人喜歡她，而延遲了結婚的時機，對於工作的熱情比對於結婚的熱情更高。

◆會實現何種夢想

從生命線朝向「木星丘」的希望線（→Ⓗ）出現了，因此希望和夢想會實現。同時出現所羅門環（→Ⓘ）時，表示有幸運事降臨，是屬於與其結婚還不如工作才能夠掌握幸運的手相。

結婚能得到幸福嗎？

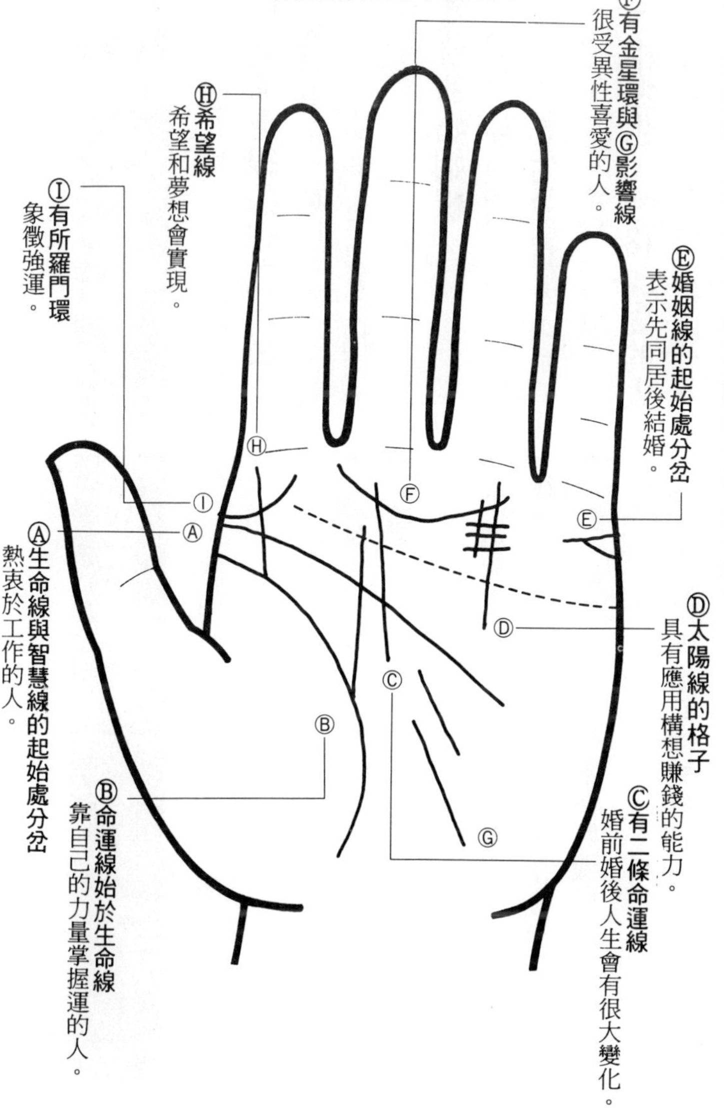

三十歲決定離婚之女性的手相

結婚已五年，三十歲的女性決定離婚，該如何來判斷其今後的運勢呢？

◆檢查命運線的現在年齡

先看看三十歲的位置。命運線（↓Ⓐ）在Ⓑ處是現在的年齡。命運線（↓Ⓐ）的中途的Ⓑ處斷裂，出現新的命運線，即在這年齡人生會產生變化。而且出現島（↓Ⓒ），即會引起麻煩而改變運，需要花點時間才能解決問題。

◆複雜的婚姻線

不是一條婚姻線，而是錯綜複雜的婚姻線，Ⓓ的婚姻線一分為二，是離婚線。在其上方的Ⓔ的婚姻線本來是二條，後來變成一條長線，表示即使沒有正式的再婚，仍會幸福，屬於「金鑾型」的婚姻線，縱使離婚也能掌握好機會。

◆手相變化，性格改變的人

生命線和智慧線起始處分岔（↓Ⓕ），表示大膽而富於行動力的人。從感情線延伸出支線（↓Ⓖ），成為橫切手掌的橫線，訴說著性格和想法的改變。離婚會使性格產生很大的變化。

◆終於上升的人

表示三十三歲處（↓Ⓗ）開始，命運線上升，在木星丘上出現井字（↓Ⓘ），表示為他人犧牲奉獻，對於新事物燃燒著慾望。太陽線（↓Ⓙ）朝向第二火星丘彎曲，表示能夠在工作上發揮自己的專門知識。

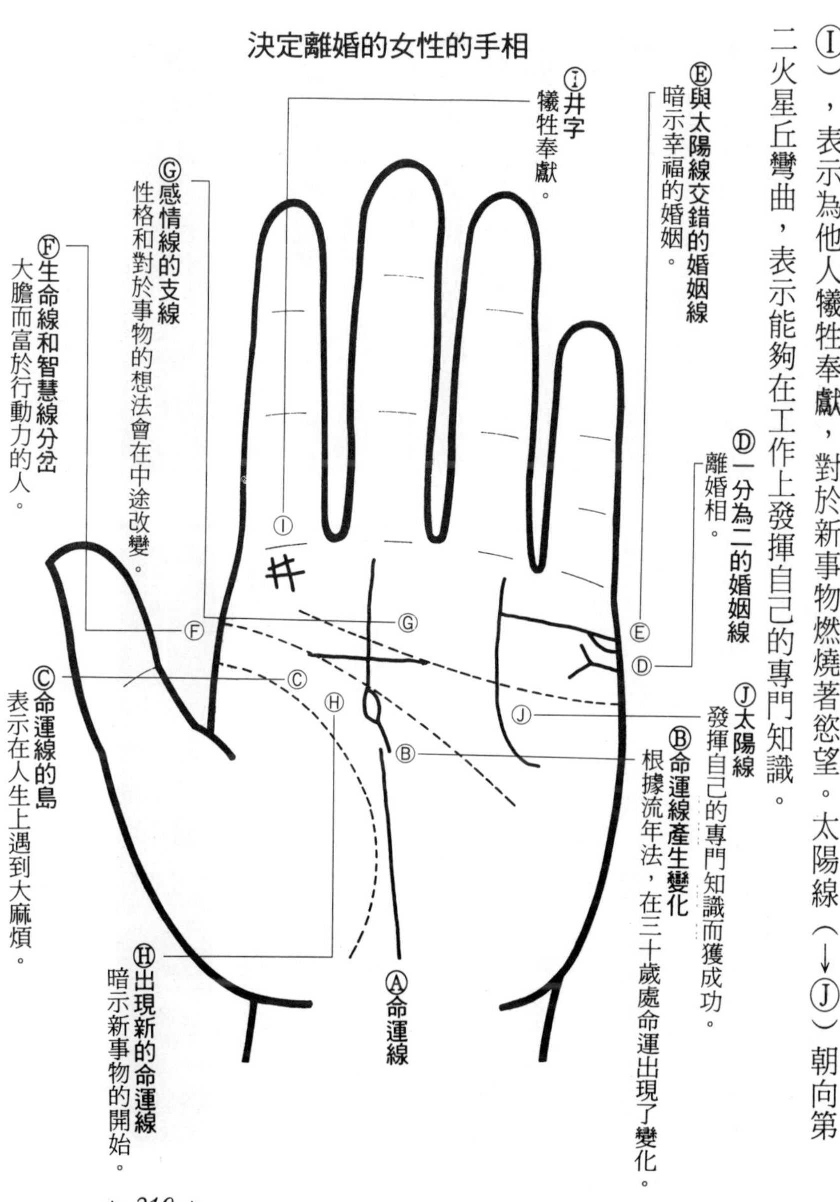

占卜「升掛」的男性手相——特殊手相的人

擔心自己的手相與他人不同，是否有不好運勢的青年，該如何判斷呢？

◆基本線不規則　沒有三條基本線，只有Ⓐ的水平紋路是屬於不明瞭的手相。這一類手相稱為「升掛」，是罕見的手相，可能是掌握大成功運，運勢較強的人。也可能完全相反，是得不到機會的人。

◆調查命運線和太陽線的位置　此人的手相有命運線（↓Ⓑ），但是沒有太陽線，即特殊才能和天生的運極強，由於沒有太陽線而很難發揮，也沒有財運。許多有此手相的人後來都成為政治家和實業家。這個人的命運線較細又不清楚且短，會成為負面影響。

◆發揮何種才能呢　金星環（↓Ⓒ）是藝術性的象徵。但是指紋完全是弓狀紋（↓Ⓓ）。命運線從月丘開始彎曲延伸，表示具有人氣運。

◆有希望線　有很長的希望線（↓Ⓔ），表示夢想會實現，能成為成功的藝術家、演員或畫家。到目前並沒有出現婚姻線。生命線的末端延伸出海外旅行線（↓Ⓕ），即在海外工作或留學較有幫助。以命運線的位置來判斷，與智慧線交錯的三十三歲是一大轉機。

◆關鍵在於協助者

與命運線平行的左右者，他的命運的貴人線（↓Ⓖ）出現了，即可以期待欣賞他的才能，幫助他的人出現。

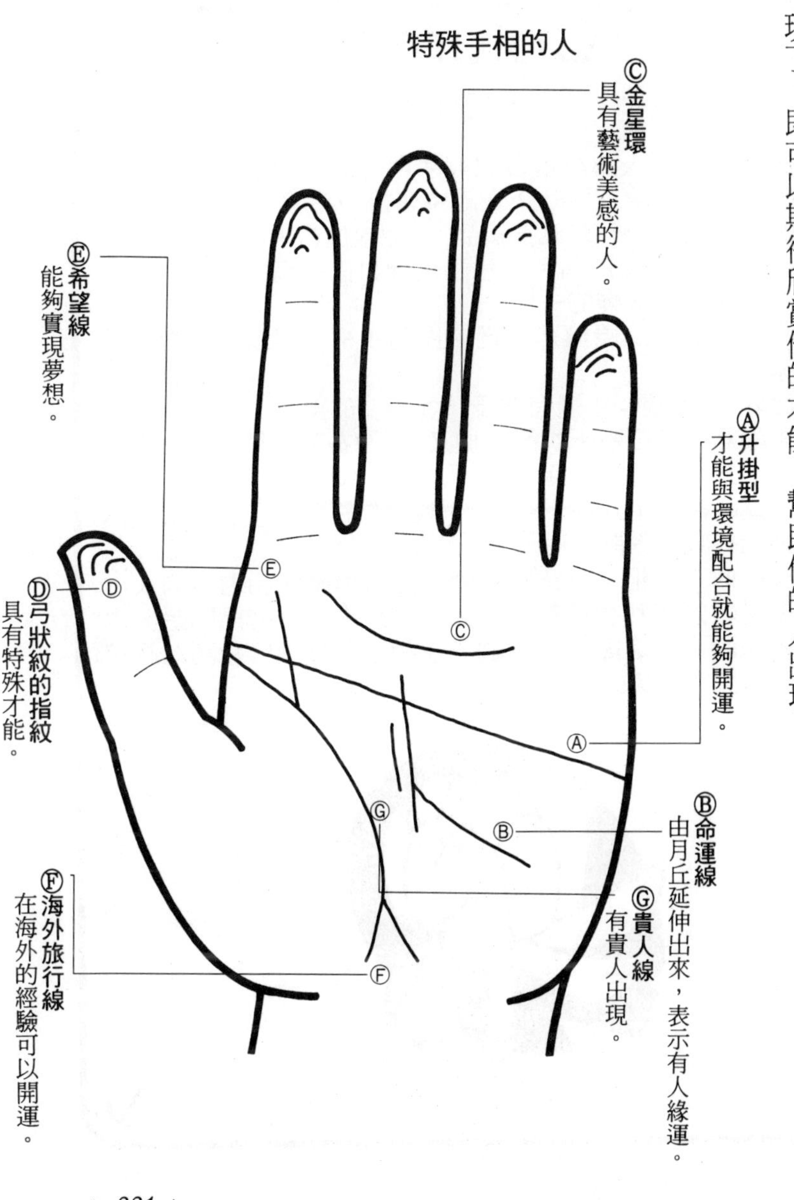

Column

「聖經與手相」

相信不會有人認為基督教與手相有關。很多的神父認為信神者不能夠談論「手相」。聖經中有很多關於「手」的敘述，例如約伯記第三十七章七節提到：「他封住各人的手，叫所造的萬人都曉得他的作為。」意思是神封住所有的人的手，是因為神害怕人了解神的一切。

「基督教」的原典『聖經』提到手相，卻以這種奇怪的方式來表達。

此外，『聖經』中還有敘及「手相」的部分。

「箴言」第三章十六節也提及：「他右手有長壽，左手有富貴。」聖經中關於「手」的敘述，有 1000 處以上。

以賽亞書四十九章十六節：「我將你銘刻在我的掌上，你的牆垣常在我的眼前。」

最初把「手相」介紹到國內，熱心推廣手相占卜的人，有很多是牧師與和教會有關的人。但是從某一時期開始，也從教會相關人士之間傳出有關「手相」的批評。我認為應該要以自然寬大的胸懷來探討人類。

●著者介紹　小林八重子

從十餘歲起開始對於人的命運和手相的神秘性抱持心。後來拜法國心理手相術家兼日本占術協會會長、國預想科學協會會長淺野八郎師，長年學習手相、卡巴拉命運學或心理學。

同時也關心西洋心理占術和手相的關係，進行新領的研究，並在報章、雜誌等眾傳播媒體上執筆。

現為日本占術協會會員和國際預想科學協會幹部。

大展出版社有限公司 圖書目錄

地址：台北市北投區(石牌)
致遠一路二段12巷1號
電話：(02)28236031
28236033
郵撥：0166955～1
傳真：(02)28272069

・法律專欄連載・電腦編號 58

台大法學院 法律學系／策劃
法律服務社／編著

1. 別讓您的權利睡著了 [1] 200元
2. 別讓您的權利睡著了 [2] 200元

・秘傳占卜系列・電腦編號 14

1. 手相術 淺野八郎著 180元
2. 人相術 淺野八郎著 150元
3. 西洋占星術 淺野八郎著 180元
4. 中國神奇占卜 淺野八郎著 150元
5. 夢判斷 淺野八郎著 150元
6. 前世、來世占卜 淺野八郎著 150元
7. 法國式血型學 淺野八郎著 150元
8. 靈感、符咒學 淺野八郎著 150元
9. 紙牌占卜學 淺野八郎著 150元
10. ESP超能力占卜 淺野八郎著 150元
11. 猶太數的秘術 淺野八郎著 150元
12. 新心理測驗 淺野八郎著 160元
13. 塔羅牌預言秘法 淺野八郎著 200元

・趣味心理講座・電腦編號 15

1. 性格測驗① 探索男與女 淺野八郎著 140元
2. 性格測驗② 透視人心奧秘 淺野八郎著 140元
3. 性格測驗③ 發現陌生的自己 淺野八郎著 140元
4. 性格測驗④ 發現你的真面目 淺野八郎著 140元
5. 性格測驗⑤ 讓你們吃驚 淺野八郎著 140元
6. 性格測驗⑥ 洞穿心理盲點 淺野八郎著 140元
7. 性格測驗⑦ 探索對方心理 淺野八郎著 140元
8. 性格測驗⑧ 由吃認識自己 淺野八郎著 160元
9. 性格測驗⑨ 戀愛知多少 淺野八郎著 160元
10. 性格測驗⑩ 由裝扮瞭解人心 淺野八郎著 160元

11. 性格測驗⑪ 敲開內心玄機	淺野八郎著	140 元
12. 性格測驗⑫ 透視你的未來	淺野八郎著	160 元
13. 血型與你的一生	淺野八郎著	160 元
14. 趣味推理遊戲	淺野八郎著	160 元
15. 行為語言解析	淺野八郎著	160 元

・婦 幼 天 地・電腦編號 16

1. 八萬人減肥成果	黃靜香譯	180 元
2. 三分鐘減肥體操	楊鴻儒譯	150 元
3. 窈窕淑女美髮秘訣	柯素娥譯	130 元
4. 使妳更迷人	成 玉譯	130 元
5. 女性的更年期	官舒妍編譯	160 元
6. 胎內育兒法	李玉瓊編譯	150 元
7. 早產兒袋鼠式護理	唐岱蘭譯	200 元
8. 初次懷孕與生產	婦幼天地編譯組	180 元
9. 初次育兒 12 個月	婦幼天地編譯組	180 元
10. 斷乳食與幼兒食	婦幼天地編譯組	180 元
11. 培養幼兒能力與性向	婦幼天地編譯組	180 元
12. 培養幼兒創造力的玩具與遊戲	婦幼天地編譯組	180 元
13. 幼兒的症狀與疾病	婦幼天地編譯組	180 元
14. 腿部苗條健美法	婦幼天地編譯組	180 元
15. 女性腰痛別忽視	婦幼天地編譯組	150 元
16. 舒展身心體操術	李玉瓊編譯	130 元
17. 三分鐘臉部體操	趙薇妮著	160 元
18. 生動的笑容表情術	趙薇妮著	160 元
19. 心曠神怡減肥法	川津祐介著	130 元
20. 內衣使妳更美麗	陳玄茹譯	130 元
21. 瑜伽美姿美容	黃靜香編著	180 元
22. 高雅女性裝扮學	陳珮玲譯	180 元
23. 蠶糞肌膚美顏法	坂梨秀子著	160 元
24. 認識妳的身體	李玉瓊譯	160 元
25. 產後恢復苗條體態	居理安・芙萊喬著	200 元
26. 正確護髮美容法	山崎伊久江著	180 元
27. 安琪拉美姿養生學	安琪拉蘭斯博瑞著	180 元
28. 女體性醫學剖析	增田豐著	220 元
29. 懷孕與生產剖析	岡部綾子著	180 元
30. 斷奶後的健康育兒	東城百合子著	220 元
31. 引出孩子幹勁的責罵藝術	多湖輝著	170 元
32. 培養孩子獨立的藝術	多湖輝著	170 元
33. 子宮肌瘤與卵巢囊腫	陳秀琳編著	180 元
34. 下半身減肥法	納他夏・史達賓著	180 元
35. 女性自然美容法	吳雅菁編著	180 元
36. 再也不發胖	池園悅太郎著	170 元

37. 生男生女控制術　中垣勝裕著　220 元
38. 使妳的肌膚更亮麗　楊　皓編著　170 元
39. 臉部輪廓變美　芝崎義夫著　180 元
40. 斑點、皺紋自己治療　高須克彌著　180 元
41. 面皰自己治療　伊藤雄康著　180 元
42. 隨心所欲瘦身冥想法　原久子著　180 元
43. 胎兒革命　鈴木丈織著　180 元
44. NS 磁氣平衡法塑造窈窕奇蹟　古屋和江著　180 元
45. 享瘦從腳開始　山田陽子著　180 元
46. 小改變瘦 4 公斤　宮本裕子著　180 元
47. 軟管減肥瘦身　高橋輝男著　180 元
48. 海藻精神秘美容法　劉名揚編著　180 元
49. 肌膚保養與脫毛　鈴木真理著　180 元
50. 10 天減肥 3 公斤　彤雲編輯組　180 元
51. 穿出自己的品味　西村玲子著　220 元

・青春天地・電腦編號 17

1. A 血型與星座　柯素娥編譯　160 元
2. B 血型與星座　柯素娥編譯　160 元
3. O 血型與星座　柯素娥編譯　160 元
4. AB 血型與星座　柯素娥編譯　120 元
5. 青春期性教室　呂貴嵐編譯　130 元
6. 事半功倍讀書法　王毅希編譯　150 元
7. 難解數學破題　宋釗宜編譯　130 元
9. 小論文寫作秘訣　林顯茂編譯　120 元
11. 中學生野外遊戲　熊谷康編著　120 元
12. 恐怖極短篇　柯素娥編譯　130 元
13. 恐怖夜話　小毛驢編譯　130 元
14. 恐怖幽默短篇　小毛驢編譯　120 元
15. 黑色幽默短篇　小毛驢編譯　120 元
16. 靈異怪談　小毛驢編譯　130 元
17. 錯覺遊戲　小毛驢編著　130 元
18. 整人遊戲　小毛驢編著　150 元
19. 有趣的超常識　柯素娥編譯　130 元
20. 哦！原來如此　林慶旺編譯　130 元
21. 趣味競賽 100 種　劉名揚編譯　120 元
22. 數學謎題入門　宋釗宜編譯　150 元
23. 數學謎題解析　宋釗宜編譯　150 元
24. 透視男女心理　林慶旺編譯　120 元
25. 少女情懷的自白　李桂蘭編譯　120 元
26. 由兄弟姊妹看命運　李玉瓊編譯　130 元
27. 趣味的科學魔術　林慶旺編譯　150 元
28. 趣味的心理實驗室　李燕玲編譯　150 元

29. 愛與性心理測驗　小毛驢編譯　130 元
30. 刑案推理解謎　小毛驢編譯　130 元
31. 偵探常識推理　小毛驢編譯　130 元
32. 偵探常識解謎　小毛驢編譯　130 元
33. 偵探推理遊戲　小毛驢編譯　130 元
34. 趣味的超魔術　廖玉山編著　150 元
35. 趣味的珍奇發明　柯素娥編著　150 元
36. 登山用具與技巧　陳瑞菊編著　150 元
37. 性的漫談　蘇燕謀編著　180 元
38. 無的漫談　蘇燕謀編著　180 元
39. 黑色漫談　蘇燕謀編著　180 元
40. 白色漫談　蘇燕謀編著　180 元

・健康天地・電腦編號 18

1. 壓力的預防與治療　柯素娥編譯　130 元
2. 超科學氣的魔力　柯素娥編譯　130 元
3. 尿療法治病的神奇　中尾良一著　130 元
4. 鐵證如山的尿療法奇蹟　廖玉山譯　120 元
5. 一日斷食健康法　葉慈容編譯　150 元
6. 胃部強健法　陳炳崑譯　120 元
7. 癌症早期檢查法　廖松濤譯　160 元
8. 老人痴呆症防止法　柯素娥編譯　130 元
9. 松葉汁健康飲料　陳麗芬編譯　130 元
10. 揉肚臍健康法　永井秋夫著　150 元
11. 過勞死、猝死的預防　卓秀貞編譯　130 元
12. 高血壓治療與飲食　藤山順豐著　150 元
13. 老人看護指南　柯素娥編譯　150 元
14. 美容外科淺談　楊啟宏著　150 元
15. 美容外科新境界　楊啟宏著　150 元
16. 鹽是天然的醫生　西英司郎著　140 元
17. 年輕十歲不是夢　梁瑞麟譯　200 元
18. 茶料理治百病　桑野和民著　180 元
19. 綠茶治病寶典　桑野和民著　150 元
20. 杜仲茶養顏減肥法　西田博著　150 元
21. 蜂膠驚人療效　瀨長良三郎著　180 元
22. 蜂膠治百病　瀨長良三郎著　180 元
23. 醫藥與生活(一)　鄭炳全著　180 元
24. 鈣長生寶典　落合敏著　180 元
25. 大蒜長生寶典　木下繁太郎著　160 元
26. 居家自我健康檢查　石川恭三著　160 元
27. 永恆的健康人生　李秀鈴譯　200 元
28. 大豆卵磷脂長生寶典　劉雪卿譯　150 元
29. 芳香療法　梁艾琳譯　160 元

30. 醋長生寶典　柯素娥譯　180元
31. 從星座透視健康　席拉・吉蒂斯著　180元
32. 愉悅自在保健學　野本二士夫著　160元
33. 裸睡健康法　丸山淳士等著　160元
34. 糖尿病預防與治療　藤田順豐著　180元
35. 維他命長生寶典　菅原明子著　180元
36. 維他命C新效果　鐘文訓編　150元
37. 手、腳病理按摩　堤芳朗著　160元
38. AIDS瞭解與預防　彼得塔歇爾著　180元
39. 甲殼質殼聚糖健康法　沈永嘉譯　160元
40. 神經痛預防與治療　木下真男著　160元
41. 室內身體鍛鍊法　陳炳崑編著　160元
42. 吃出健康藥膳　劉大器編著　180元
43. 自我指壓術　蘇燕謀編著　160元
44. 紅蘿蔔汁斷食療法　李玉瓊編著　150元
45. 洗心術健康秘法　竺翠萍編譯　170元
46. 枇杷葉健康療法　柯素娥編譯　180元
47. 抗衰血癒　楊啟宏著　180元
48. 與癌搏鬥記　逸見政孝著　180元
49. 冬蟲夏草長生寶典　高橋義博著　170元
50. 痔瘡・大腸疾病先端療法　宮島伸宜著　180元
51. 膠布治癒頑固慢性病　加瀨建造著　180元
52. 芝麻神奇健康法　小林貞作著　170元
53. 香煙能防止癡呆？　高田明和著　180元
54. 穀菜食治癌療法　佐藤成志著　180元
55. 貼藥健康法　松原英多著　180元
56. 克服癌症調和道呼吸法　帶津良一著　180元
57. B型肝炎預防與治療　野村喜重郎著　180元
58. 青春永駐養生導引術　早島正雄著　180元
59. 改變呼吸法創造健康　原久子著　180元
60. 荷爾蒙平衡養生秘訣　出村博著　180元
61. 水美肌健康法　井戶勝富著　170元
62. 認識食物掌握健康　廖梅珠編著　170元
63. 痛風劇痛消除法　鈴木吉彥著　180元
64. 酸莖菌驚人療效　上田明彥著　180元
65. 大豆卵磷脂治現代病　神津健一著　200元
66. 時辰療法—危險時刻凌晨4時　呂建強等著　180元
67. 自然治癒力提升法　帶津良一著　180元
68. 巧妙的氣保健法　藤平墨子著　180元
69. 治癒C型肝炎　熊田博光著　180元
70. 肝臟病預防與治療　劉名揚編著　180元
71. 腰痛平衡療法　荒井政信著　180元
72. 根治多汗症、狐臭　稻葉益巳著　220元
73. 40歲以後的骨質疏鬆症　沈永嘉譯　180元

74. 認識中藥 松下一成著 180元
75. 認識氣的科學 佐佐木茂美著 180元
76. 我戰勝了癌症 安田伸著 180元
77. 斑點是身心的危險信號 中野進著 180元
78. 艾波拉病毒大震撼 玉川重德著 180元
79. 重新還我黑髮 桑名隆一郎著 180元
80. 身體節律與健康 林博史著 180元
81. 生薑治萬病 石原結實著 180元
82. 靈芝治百病 陳瑞東著 180元
83. 木炭驚人的威力 大槻彰著 200元
84. 認識活性氧 井土貴司著 180元
85. 深海鮫治百病 廖玉山編著 180元
86. 神奇的蜂王乳 井上丹治著 180元
87. 卡拉 OK 健腦法 東潔著 180元
88. 卡拉 OK 健康法 福田伴男著 180元
89. 醫藥與生活(二) 鄭炳全著 200元
90. 洋蔥治百病 宮尾興平著 180元
91. 年輕 10 歲快步健康法 石塚忠雄著 180元
92. 石榴的驚人神效 岡本順子著 180元
93. 飲料健康法 白鳥早奈英著 180元

・實用女性學講座・電腦編號 19

1. 解讀女性內心世界 島田一男著 150元
2. 塑造成熟的女性 島田一男著 150元
3. 女性整體裝扮學 黃靜香編著 180元
4. 女性應對禮儀 黃靜香編著 180元
5. 女性婚前必修 小野十傳著 200元
6. 徹底瞭解女人 田口二州著 180元
7. 拆穿女性謊言 88 招 島田一男著 200元
8. 解讀女人心 島田一男著 200元
9. 俘獲女性絕招 志賀貢著 200元
10. 愛情的壓力解套 中村理英子著 200元

・校園系列・電腦編號 20

1. 讀書集中術 多湖輝著 150元
2. 應考的訣竅 多湖輝著 150元
3. 輕鬆讀書贏得聯考 多湖輝著 150元
4. 讀書記憶秘訣 多湖輝著 150元
5. 視力恢復！超速讀術 江錦雲譯 180元
6. 讀書 36 計 黃柏松編著 180元
7. 驚人的速讀術 鐘文訓編著 170元

8. 學生課業輔導良方　多湖輝著　180元
9. 超速讀超記憶法　廖松濤編著　180元
10. 速算解題技巧　宋釗宜編著　200元
11. 看圖學英文　陳炳崑編著　200元
12. 讓孩子最喜歡數學　沈永嘉譯　180元

・實用心理學講座・電腦編號 21

1. 拆穿欺騙伎倆　多湖輝著　140元
2. 創造好構想　多湖輝著　140元
3. 面對面心理術　多湖輝著　160元
4. 偽裝心理術　多湖輝著　140元
5. 透視人性弱點　多湖輝著　140元
6. 自我表現術　多湖輝著　180元
7. 不可思議的人性心理　多湖輝著　180元
8. 催眠術入門　多湖輝著　150元
9. 責罵部屬的藝術　多湖輝著　150元
10. 精神力　多湖輝著　150元
11. 厚黑說服術　多湖輝著　150元
12. 集中力　多湖輝著　150元
13. 構想力　多湖輝著　150元
14. 深層心理術　多湖輝著　160元
15. 深層語言術　多湖輝著　160元
16. 深層說服術　多湖輝著　180元
17. 掌握潛在心理　多湖輝著　160元
18. 洞悉心理陷阱　多湖輝著　180元
19. 解讀金錢心理　多湖輝著　180元
20. 拆穿語言圈套　多湖輝著　180元
21. 語言的內心玄機　多湖輝著　180元
22. 積極力　多湖輝著　180元

・超現實心理講座・電腦編號 22

1. 超意識覺醒法　詹蔚芬編譯　130元
2. 護摩秘法與人生　劉名揚編譯　130元
3. 秘法！超級仙術入門　陸明譯　150元
4. 給地球人的訊息　柯素娥編著　150元
5. 密教的神通力　劉名揚編著　130元
6. 神秘奇妙的世界　平川陽一著　180元
7. 地球文明的超革命　吳秋嬌譯　200元
8. 力量石的秘密　吳秋嬌譯　180元
9. 超能力的靈異世界　馬小莉譯　200元
10. 逃離地球毀滅的命運　吳秋嬌譯　200元

11. 宇宙與地球終結之謎　南山宏著　200 元
12. 驚世奇功揭秘　傅起鳳著　200 元
13. 啟發身心潛力心象訓練法　栗田昌裕著　180 元
14. 仙道術遁甲法　高藤聰一郎著　220 元
15. 神通力的秘密　中岡俊哉著　180 元
16. 仙人成仙術　高藤聰一郎著　200 元
17. 仙道符咒氣功法　高藤聰一郎著　220 元
18. 仙道風水術尋龍法　高藤聰一郎著　200 元
19. 仙道奇蹟超幻像　高藤聰一郎著　200 元
20. 仙道鍊金術房中法　高藤聰一郎著　200 元
21. 奇蹟超醫療治癒難病　深野一幸著　220 元
22. 揭開月球的神秘力量　超科學研究會　180 元
23. 西藏密教奧義　高藤聰一郎著　250 元
24. 改變你的夢術入門　高藤聰一郎著　250 元

・養 生 保 健・電腦編號 23

1. 醫療養生氣功　黃孝寬著　250 元
2. 中國氣功圖譜　余功保著　230 元
3. 少林醫療氣功精粹　井玉蘭著　250 元
4. 龍形實用氣功　吳大才等著　220 元
5. 魚戲增視強身氣功　宮　嬰著　220 元
6. 嚴新氣功　前新培金著　250 元
7. 道家玄牝氣功　張　章著　200 元
8. 仙家秘傳袪病功　李遠國著　160 元
9. 少林十大健身功　秦慶豐著　180 元
10. 中國自控氣功　張明武著　250 元
11. 醫療防癌氣功　黃孝寬著　250 元
12. 醫療強身氣功　黃孝寬著　250 元
13. 醫療點穴氣功　黃孝寬著　250 元
14. 中國八卦如意功　趙維漢著　180 元
15. 正宗馬禮堂養氣功　馬禮堂著　420 元
16. 秘傳道家筋經內丹功　王慶餘著　280 元
17. 三元開慧功　辛桂林著　250 元
18. 防癌治癌新氣功　郭　林著　180 元
19. 禪定與佛家氣功修煉　劉天君著　200 元
20. 顛倒之術　梅自強著　360 元
21. 簡明氣功辭典　吳家駿編　360 元
22. 八卦三合功　張全亮著　230 元
23. 朱砂掌健身養生功　楊永著　250 元
24. 抗老功　陳九鶴著　230 元
25. 意氣按穴排濁自療法　黃啟運編著　250 元
26. 陳式太極拳養生功　陳正雷著　200 元

・社會人智囊・電腦編號 24

1. 糾紛談判術	清水增三著	160 元
2. 創造關鍵術	淺野八郎著	150 元
3. 觀人術	淺野八郎著	180 元
4. 應急詭辯術	廖英迪編著	160 元
5. 天才家學習術	木原武一著	160 元
6. 貓型狗式鑑人術	淺野八郎著	180 元
7. 逆轉運掌握術	淺野八郎著	180 元
8. 人際圓融術	澀谷昌三著	160 元
9. 解讀人心術	淺野八郎著	180 元
10. 與上司水乳交融術	秋元隆司著	180 元
11. 男女心態定律	小田晉著	180 元
12. 幽默說話術	林振輝編著	200 元
13. 人能信賴幾分	淺野八郎著	180 元
14. 我一定能成功	李玉瓊譯	180 元
15. 獻給青年的嘉言	陳蒼杰譯	180 元
16. 知人、知面、知其心	林振輝編著	180 元
17. 塑造堅強的個性	坂上肇著	180 元
18. 為自己而活	佐藤綾子著	180 元
19. 未來十年與愉快生活有約	船井幸雄著	180 元
20. 超級銷售話術	杜秀卿譯	180 元
21. 感性培育術	黃靜香編著	180 元
22. 公司新鮮人的禮儀規範	蔡媛惠譯	180 元
23. 傑出職員鍛鍊術	佐佐木正著	180 元
24. 面談獲勝戰略	李芳黛譯	180 元
25. 金玉良言撼人心	森純大著	180 元
26. 男女幽默趣典	劉華亭編著	180 元
27. 機智說話術	劉華亭編著	180 元
28. 心理諮商室	柯素娥譯	180 元
29. 如何在公司崢嶸頭角	佐佐木正著	180 元
30. 機智應對術	李玉瓊編著	200 元
31. 克服低潮良方	坂野雄二著	180 元
32. 智慧型說話技巧	沈永嘉編著	180 元
33. 記憶力、集中力增進術	廖松濤編著	180 元
34. 女職員培育術	林慶旺編著	180 元
35. 自我介紹與社交禮儀	柯素娥編著	180 元
36. 積極生活創幸福	田中真澄著	180 元
37. 妙點子超構想	多湖輝著	180 元
38. 說 NO 的技巧	廖玉山編著	180 元
39. 一流說服力	李玉瓊編著	180 元
40. 般若心經成功哲學	陳鴻蘭編著	180 元
41. 訪問推銷術	黃靜香編著	180 元

42. 男性成功秘訣　陳蒼杰編著　180 元
43. 笑容、人際智商　宮川澄子著　180 元
44. 多湖輝的構想工作室　多湖輝著　200 元

・精選系列・電腦編號 25

1. 毛澤東與鄧小平　渡邊利夫等著　280 元
2. 中國大崩裂　江戶介雄著　180 元
3. 台灣・亞洲奇蹟　上村幸治著　220 元
4. 7-ELEVEN 高盈收策略　國友隆一著　180 元
5. 台灣獨立（新・中國日本戰爭一）　森詠著　200 元
6. 迷失中國的末路　江戶雄介著　220 元
7. 2000 年 5 月全世界毀滅　紫藤甲子男著　180 元
8. 失去鄧小平的中國　小島朋之著　220 元
9. 世界史爭議性異人傳　桐生操著　200 元
10. 淨化心靈享人生　松濤弘道著　220 元
11. 人生心情診斷　賴藤和寬著　220 元
12. 中美大決戰　檜山良昭著　220 元
13. 黃昏帝國美國　莊雯琳譯　220 元
14. 兩岸衝突（新・中國日本戰爭二）　森詠著　220 元
15. 封鎖台灣（新・中國日本戰爭三）　森詠著　220 元
16. 中國分裂（新・中國日本戰爭四）　森詠著　220 元
17. 由女變男的我　虎井正衛著　200 元
18. 佛學的安心立命　松濤弘道著　220 元

・運動遊戲・電腦編號 26

1. 雙人運動　李玉瓊譯　160 元
2. 愉快的跳繩運動　廖玉山譯　180 元
3. 運動會項目精選　王佑京譯　150 元
4. 肋木運動　廖玉山譯　150 元
5. 測力運動　王佑宗譯　150 元
6. 游泳入門　唐桂萍編著　200 元

・休閒娛樂・電腦編號 27

1. 海水魚飼養法　田中智浩著　300 元
2. 金魚飼養法　曾雪玫譯　250 元
3. 熱門海水魚　毛利匡明著　480 元
4. 愛犬的教養與訓練　池田好雄著　250 元
5. 狗教養與疾病　杉浦哲著　220 元
6. 小動物養育技巧　三上昇著　300 元
20. 園藝植物管理　船越亮二著　220 元

・銀髮族智慧學・電腦編號 28

1. 銀髮六十樂逍遙 多湖輝著 170 元
2. 人生六十反年輕 多湖輝著 170 元
3. 六十歲的決斷 多湖輝著 170 元
4. 銀髮族健身指南 孫瑞台編著 250 元

・飲 食 保 健・電腦編號 29

1. 自己製作健康茶 大海淳著 220 元
2. 好吃、具藥效茶料理 德永睦子著 220 元
3. 改善慢性病健康藥草茶 吳秋嬌譯 200 元
4. 藥酒與健康果菜汁 成玉編著 250 元
5. 家庭保健養生湯 馬汴梁編著 220 元
6. 降低膽固醇的飲食 早川和志著 200 元
7. 女性癌症的飲食 女子營養大學 280 元
8. 痛風者的飲食 女子營養大學 280 元
9. 貧血者的飲食 女子營養大學 280 元
10. 高脂血症者的飲食 女子營養大學 280 元
11. 男性癌症的飲食 女子營養大學 280 元
12. 過敏者的飲食 女子營養大學 280 元
13. 心臟病的飲食 女子營養大學 280 元
14. 滋陰壯陽的飲食 王增著 220 元

・家庭醫學保健・電腦編號 30

1. 女性醫學大全 雨森良彥著 380 元
2. 初為人父育兒寶典 小瀧周曹著 220 元
3. 性活力強健法 相建華著 220 元
4. 30 歲以上的懷孕與生產 李芳黛編著 220 元
5. 舒適的女性更年期 野末悅子著 200 元
6. 夫妻前戲的技巧 笠井寬司著 200 元
7. 病理足穴按摩 金慧明著 220 元
8. 爸爸的更年期 河野孝旺著 200 元
9. 橡皮帶健康法 山田晶著 180 元
10. 三十三天健美減肥 相建華等著 180 元
11. 男性健美入門 孫玉祿編著 180 元
12. 強化肝臟秘訣 主婦の友社編 200 元
13. 了解藥物副作用 張果馨譯 200 元
14. 女性醫學小百科 松山榮吉著 200 元
15. 左轉健康法 龜田修等著 200 元
16. 實用天然藥物 鄭炳全編著 260 元
17. 神秘無痛平衡療法 林宗駛著 180 元

18. 膝蓋健康法　張果馨譯　180元
19. 針灸治百病　葛書翰著　250元
20. 異位性皮膚炎治癒法　吳秋嬌譯　220元
21. 禿髮白髮預防與治療　陳炳崑編著　180元
22. 埃及皇宮菜健康法　飯森薰著　200元
23. 肝臟病安心治療　上野幸久著　220元
24. 耳穴治百病　陳抗美等著　250元
25. 高效果指壓法　五十嵐康彥著　200元
26. 瘦水、胖水　鈴木園子著　200元
27. 手針新療法　朱振華著　200元
28. 香港腳預防與治療　劉小惠譯　200元
29. 智慧飲食吃出健康　柯富陽編著　200元
30. 牙齒保健法　廖玉山編著　200元
31. 恢復元氣養生食　張果馨譯　200元
32. 特效推拿按摩術　李玉田著　200元
33. 一週一次健康法　若狹真著　200元
34. 家常科學膳食　大塚滋著　220元
35. 夫妻們關心的男性不孕　原利夫著　220元
36. 自我瘦身美容　馬野詠子著　200元
37. 魔法姿勢益健康　五十嵐康彥著　200元
38. 眼病錘療法　馬栩周著　200元
39. 預防骨質疏鬆症　藤田拓男著　200元
40. 骨質增生效驗方　李吉茂編著　250元
41. 蕺菜健康法　小林正夫著　200元
42. 赧於啟齒的男性煩惱　增田豐著　220元
43. 簡易自我健康檢查　稻葉允著　250元
44. 實用花草健康法　友田純子著　200元
45. 神奇的手掌療法　日比野喬著　230元
46. 家庭式三大穴道療法　刑部忠和著　200元
47. 子宮癌、卵巢癌　岡島弘幸著　220元

・超經營新智慧・電腦編號 31

1. 躍動的國家越南　林雅倩譯　250元
2. 甦醒的小龍菲律賓　林雅倩譯　220元
3. 中國的危機與商機　中江要介著　250元
4. 在印度的成功智慧　山內利男著　220元
5. 7-ELEVEN 大革命　村上豐道著　200元
6. 業務員成功秘方　呂育清編著　200元

・心 靈 雅 集・電腦編號 00

1. 禪言佛語看人生　松濤弘道著　180元

2. 禪密教的奧秘　葉逯謙譯　120 元
3. 觀音大法力　田口日勝著　120 元
4. 觀音法力的大功德　田口日勝著　120 元
5. 達摩禪 106 智慧　劉華亭編譯　220 元
6. 有趣的佛教研究　葉逯謙編譯　170 元
7. 夢的開運法　蕭京凌譯　130 元
8. 禪學智慧　柯素娥編譯　130 元
9. 女性佛教入門　許俐萍譯　110 元
10. 佛像小百科　心靈雅集編譯組　130 元
11. 佛教小百科趣談　心靈雅集編譯組　120 元
12. 佛教小百科漫談　心靈雅集編譯組　150 元
13. 佛教知識小百科　心靈雅集編譯組　150 元
14. 佛學名言智慧　松濤弘道著　220 元
15. 釋迦名言智慧　松濤弘道著　220 元
16. 活人禪　平田精耕著　120 元
17. 坐禪入門　柯素娥編譯　150 元
18. 現代禪悟　柯素娥編譯　130 元
19. 道元禪師語錄　心靈雅集編譯組　130 元
20. 佛學經典指南　心靈雅集編譯組　130 元
21. 何謂「生」阿含經　心靈雅集編譯組　150 元
22. 一切皆空　般若心經　心靈雅集編譯組　180 元
23. 超越迷惘　法句經　心靈雅集編譯組　130 元
24. 開拓宇宙觀　華嚴經　心靈雅集編譯組　180 元
25. 真實之道　法華經　心靈雅集編譯組　130 元
26. 自由自在　涅槃經　心靈雅集編譯組　130 元
27. 沈默的教示　維摩經　心靈雅集編譯組　150 元
28. 開通心眼　佛語佛戒　心靈雅集編譯組　130 元
29. 揭秘寶庫　密教經典　心靈雅集編譯組　180 元
30. 坐禪與養生　廖松濤譯　110 元
31. 釋尊十戒　柯素娥編譯　120 元
32. 佛法與神通　劉欣如編著　120 元
33. 悟（正法眼藏的世界）　柯素娥編譯　120 元
34. 只管打坐　劉欣如編著　120 元
35. 喬答摩・佛陀傳　劉欣如編著　120 元
36. 唐玄奘留學記　劉欣如編著　120 元
37. 佛教的人生觀　劉欣如編譯　110 元
38. 無門關(上卷)　心靈雅集編譯組　150 元
39. 無門關(下卷)　心靈雅集編譯組　150 元
40. 業的思想　劉欣如編著　130 元
41. 佛法難學嗎　劉欣如著　140 元
42. 佛法實用嗎　劉欣如著　140 元
43. 佛法殊勝嗎　劉欣如著　140 元
44. 因果報應法則　李常傳編　180 元
45. 佛教醫學的奧秘　劉欣如編著　150 元

46. 紅塵絕唱　海　若著　130 元
47. 佛教生活風情　洪丕謨、姜玉珍著　220 元
48. 行住坐臥有佛法　劉欣如著　160 元
49. 起心動念是佛法　劉欣如著　160 元
50. 四字禪語　曹洞宗青年會　200 元
51. 妙法蓮華經　劉欣如編著　160 元
52. 根本佛教與大乘佛教　葉作森編　180 元
53. 大乘佛經　定方晟著　180 元
54. 須彌山與極樂世界　定方晟著　180 元
55. 阿闍世的悟道　定方晟著　180 元
56. 金剛經的生活智慧　劉欣如著　180 元
57. 佛教與儒教　劉欣如編譯　180 元
58. 佛教史入門　劉欣如編譯　180 元
59. 印度佛教思想史　劉欣如編譯　200 元
60. 佛教與女姓　劉欣如編譯　180 元
61. 禪與人生　洪丕謨主編　260 元

・經 營 管 理・電腦編號 01

◎ 創新經營管理六十六大計(精)　蔡弘文編　780 元
1. 如何獲取生意情報　蘇燕謀譯　110 元
2. 經濟常識問答　蘇燕謀譯　130 元
4. 台灣商戰風雲錄　陳中雄著　120 元
5. 推銷大王秘錄　原一平著　180 元
6. 新創意・賺大錢　王家成譯　90 元
7. 工廠管理新手法　琪　輝著　120 元
10. 美國實業 24 小時　柯順隆譯　80 元
11. 撼動人心的推銷法　原一平著　150 元
12. 高竿經營法　蔡弘文編　120 元
13. 如何掌握顧客　柯順隆譯　150 元
17. 一流的管理　蔡弘文編　150 元
18. 外國人看中韓經濟　劉華亭譯　150 元
20. 突破商場人際學　林振輝編著　90 元
22. 如何使女人打開錢包　林振輝編著　100 元
24. 小公司經營策略　王嘉誠著　160 元
25. 成功的會議技巧　鐘文訓編譯　100 元
26. 新時代老闆學　黃柏松編著　100 元
27. 如何創造商場智囊團　林振輝編譯　150 元
28. 十分鐘推銷術　林振輝編譯　180 元
29. 五分鐘育才　黃柏松編譯　100 元
33. 自我經濟學　廖松濤編譯　100 元
34. 一流的經營　陶田生編著　120 元
35. 女性職員管理術　王昭國編譯　120 元
36. ＩＢＭ的人事管理　鐘文訓編譯　150 元

37. 現代電腦常識	王昭國編譯	150元
38. 電腦管理的危機	鐘文訓編譯	120元
39. 如何發揮廣告效果	王昭國編譯	150元
40. 最新管理技巧	王昭國編譯	150元
41. 一流推銷術	廖松濤編譯	150元
42. 包裝與促銷技巧	王昭國編譯	130元
43. 企業王國指揮塔	松下幸之助著	120元
44. 企業精鋭兵團	松下幸之助著	120元
45. 企業人事管理	松下幸之助著	100元
46. 華僑經商致富術	廖松濤編譯	130元
47. 豐田式銷售技巧	廖松濤編譯	180元
48. 如何掌握銷售技巧	王昭國編著	130元
50. 洞燭機先的經營	鐘文訓編譯	150元
52. 新世紀的服務業	鐘文訓編譯	100元
53. 成功的領導者	廖松濤編譯	120元
54. 女推銷員成功術	李玉瓊編譯	130元
55. ＩＢＭ人才培育術	鐘文訓編譯	100元
56. 企業人自我突破法	黃琪輝編著	150元
58. 財富開發術	蔡弘文編著	130元
59. 成功的店舗設計	鐘文訓編著	150元
61. 企管回春法	蔡弘文編著	130元
62. 小企業經營指南	鐘文訓編譯	100元
63. 商場致勝名言	鐘文訓編譯	150元
64. 迎接商業新時代	廖松濤編譯	100元
66. 新手股票投資入門	何朝乾編著	200元
67. 上揚股與下跌股	何朝乾編譯	180元
68. 股票速成學	何朝乾編譯	200元
69. 理財與股票投資策略	黃俊豪編著	180元
70. 黃金投資策略	黃俊豪編著	180元
71. 厚黑管理學	廖松濤編譯	180元
72. 股市致勝格言	呂梅莎編譯	180元
73. 透視西武集團	林谷燁編譯	150元
76. 巡迴行銷術	陳蒼杰譯	150元
77. 推銷的魔術	王嘉誠譯	120元
78. 60秒指導部屬	周蓮芬編譯	150元
79. 精鋭女推銷員特訓	李玉瓊編譯	130元
80. 企劃、提案、報告圖表的技巧	鄭汶譯	180元
81. 海外不動產投資	許達守編譯	150元
82. 八百伴的世界策略	李玉瓊譯	150元
83. 服務業品質管理	吳宜芬譯	180元
84. 零庫存銷售	黃東謙編譯	150元
85. 三分鐘推銷管理	劉名揚編譯	150元
86. 推銷大王奮鬥史	原一平著	150元
87. 豐田汽車的生產管理	林谷燁編譯	150元

・成 功 寶 庫・電腦編號 02

1. 上班族交際術	江森滋著	100 元
2. 拍馬屁訣竅	廖玉山編譯	110 元
4. 聽話的藝術	歐陽輝編譯	110 元
9. 求職轉業成功術	陳義編著	110 元
10. 上班族禮儀	廖玉山編著	120 元
11. 接近心理學	李玉瓊編著	100 元
12. 創造自信的新人生	廖松濤編著	120 元
15. 神奇瞬間瞑想法	廖松濤編譯	100 元
16. 人生成功之鑰	楊意苓編著	150 元
19. 給企業人的諍言	鐘文訓編著	120 元
20. 企業家自律訓練法	陳義編譯	100 元
21. 上班族妖怪學	廖松濤編著	100 元
22. 猶太人縱横世界的奇蹟	孟佑政編著	110 元
25. 你是上班族中強者	嚴思圖編著	100 元
30. 成功頓悟 100 則	蕭京凌編譯	130 元
32. 知性幽默	李玉瓊編譯	130 元
33. 熟記對方絕招	黃靜香編譯	100 元
37. 察言觀色的技巧	劉華亭編著	180 元
38. 一流領導力	施義彥編譯	120 元
40. 30 秒鐘推銷術	廖松濤編譯	150 元
41. 猶太成功商法	周蓮芬編譯	120 元
42. 尖端時代行銷策略	陳蒼杰編著	100 元
43. 顧客管理學	廖松濤編著	100 元
44. 如何使對方說 Yes	程羲編著	150 元
47. 上班族口才學	楊鴻儒譯	120 元
48. 上班族新鮮人須知	程羲編著	120 元
49. 如何左右逢源	程羲編著	130 元
50. 語言的心理戰	多湖輝著	130 元
55. 性惡企業管理學	陳蒼杰譯	130 元
56. 自我啟發 200 招	楊鴻儒編著	150 元
57. 做個傑出女職員	劉名揚編著	130 元
58. 靈活的集團營運術	楊鴻儒編著	120 元
60. 個案研究活用法	楊鴻儒編著	130 元
61. 企業教育訓練遊戲	楊鴻儒編著	120 元
62. 管理者的智慧	程義編譯	130 元
63. 做個佼佼管理者	馬筱莉編譯	130 元
67. 活用禪學於企業	柯素娥編譯	130 元
69. 幽默詭辯術	廖玉山編譯	150 元
70. 拿破崙智慧箴言	柯素娥編譯	130 元
71. 自我培育・超越	蕭京凌編譯	150 元
74. 時間即一切	沈永嘉編譯	130 元

國家圖書館出版品預行編目資料

最新簡易手相／小林八重子著，莊雯琳譯
－初版－臺北市，大展，民 87
面；21 公分－（命理與預言；53）
譯自：見てすぐわかる手相かんたん入門
ISBN 957-557-849-X（平裝）
1. 手相
293.23　　87009977

最新簡易手相　　ISBN 957-557-849-X

原 著 者／小林八重子
編 譯 者／莊 雯 琳
發 行 人／蔡 森 明
出 版 者／大展出版社有限公司
社　　址／台北市北投區（石牌）致遠一路 2 段 12 巷 1 號
電　　話／(02) 28236031・28236033
傳　　真／(02) 28272069
郵政劃撥／0166955—1
登 記 證／局版臺業字第 2171 號
承 印 者／國順圖書印刷公司
裝　　訂／嶸興裝訂有限公司
排 版 者／千兵企業有限公司
電　　話／(02) 28812643
初版1刷／1998 年（民 87 年）9 月

定　　價／220 元

大展好書 好書大展